KAMPENWAND
VERLAG

Sophie Geibert

Mama sein Frau bleiben

Der Mutmacher für mehr Selbstwertgefühl

Von Unsicherheit und Selbstzweifeln zur inneren Zufriedenheit

ISBN: 978-3947738342

Raiffeisenstr. 4 · D-83377 Vachendorf
www.kampenwand-verlag.de

Versand & Vertrieb durch Nova MD GmbH
www.novamd.de · bestellung@novamd.de · +49 (0) 861 166 17 27

Text: Sophie Geibert
Lektorat: Tina Müller
Satzarbeit: Stefanie Böger
Bilder: ©Valenty/Shutterstock / Depositphotos.com
Druck: FINIDR, s.r.o. · Lípová 1965 · 737 01 Český Těšín · Česká republikalen

Inhalt

Kapitel 4

Kapitel 5

Kapitel 6

»Du selbst, genauso wie jeder andere im Universum, verdienst deine Liebe und Zuneigung.«

- BUDDHA -

Einleitung

Ich hatte gerade die Kinder zu Bett gebracht, da landete mein Blick unbeabsichtigt im Spiegel: Was war bloß aus meinem alten Ich geworden? Überall zusätzliche Pfunde, die nicht wie bei den Promis auf magische Weise zu schmelzen schienen. Augenringe, die aussahen, als hätte ich vor drei Tagen das letzte Mal ein Nickerchen gehalten – und von den vielen Dehnungsstreifen auf meinem Körper wollte ich gar nicht erst anfangen. Doch es war nicht nur der Körper, denn irgendwie hatte ich das Gefühl, das Vertrauen in mich selbst verloren zu haben. Das Kinderkriegen bringt viele wunderschöne Seiten mit sich, aber eben nicht nur ...

Liebe Leserin,

ich freue mich sehr, dass du dich für dieses Buch entschieden hast. Vielleicht hast du dich bereits in den einleitenden Worten ein wenig wiederfinden können. Das Mamasein ist ohne Frage wunderschön und bringt gewiss mehr tolle als negative Seiten mit sich. Dennoch möchte ich dir in diesem Buch ein Thema näherbringen, worüber man sicher nicht ganz so oft redet. Erst recht nicht, wenn man die rosarote Mamabrille aufhat oder sich vor der Schwangerschaft noch nicht wirklich Gedanken darüber gemacht hat: unser Selbstwertgefühl. Wie fühlst du dich in deiner Haut, seitdem du dein Kind oder deine Kinder bekommen hast? Es soll kein Tabuthema mehr sein, auch über die Dinge zu sprechen, die sich seit der Schwangerschaft negativ verändert haben.

Es scheint paradox, denn du leistest so viel, dass du eigentlich stolz auf dich sein müsstest, aber es fühlt sich irgendwie nicht danach an. Du denkst jetzt vielleicht »Jaja«, all die Sachen, die ich mache, machen andere Mütter auch, wahrscheinlich sogar besser. Besonderen Grund, um Stolz zu sein, gibt es nicht. Auch, wenn du eigentlich weißt, wie stolz du sein kannst, es dir einzureden klingt bloß, als würdest du dir selbst eine Lüge eintrichtern wollen. Aber soll ich dir was verraten? Damit bist du nicht alleine und das ist vollkommen okay. Damit meine ich übrigens nicht nur, dass unsere Brust nach dem Stillen gefühlt fast bis zum Bauchnabel hängen. Auch nicht bloß, dass du ein paar Pfunde zugelegt hast und das tolle Cocktailkleid vom vorletzten Jahr sich nicht mehr ganz so leicht schließen lässt. Denn Selbstzweifel beziehen sich nicht ausschließlich auf unser äußerliches Erscheinungsbild.

Oft ist es doch so: Kaum ist unser süßer Spatz zur Welt gekommen, ist unser Kind das Thema Nummer eins in unserem Leben. Das ist wunderbar und soll auch so sein! Leider ist es aber mindestens genauso oft der Fall, dass wir uns dadurch selbst ein wenig vernachlässigen. Zwischen dem ganzen Wickeln, Füttern, Planen und Spielen bleibt eben nicht mehr so viel Zeit wie früher. Ehe wir uns versehen, erkennen wir uns selbst nicht mehr wieder. Du lernst Seiten an dir kennen, die dir bislang verborgen waren. Deine Lebensprioritäten haben sich verschoben und damit musst du dich nun erst einmal zurechtfinden.

Glaub mir, ich weiß genau, wie du dich gerade fühlst. Als ich mein erstes Kind bekam, hatte ich so einen Tunnelblick, dass ich mich beim näheren Beschäftigen mit mir selbst sogar richtig erschrocken habe. Ich war dermaßen im Babyflow, dass ich gar nicht bemerkt habe, wie ich mich verändert habe. Wie sich meine Denkweise und meine Sicht auf mich selbst verändert hat. Erst als ich mir einige alte Videos mit einer Freundin angesehen habe, auf denen ich noch keine Kinder hatte, traf es mich wie ein Lkw bei voller Fahrt. Alles, was ich früher dachte zu sein, meine ganze Identität – futsch. Es kam mir vor, als wäre ich jetzt hauptsächlich nur noch Mama und als müsste ich davon Teile von mir eintauschen. Genau an diesen Stellen war jetzt Leere, die ich dummerweise schleunigst mit Zweifeln aufgefüllt habe. Ach, das pendelt sich bestimmt von selbst wieder ein, dachte ich mir dann und schob das Thema Selbstwertgefühl mit allem Drum und Dran so weit von mir, wie es nur irgendwie ging. Doch irgendwie wurden diese Zweifel immer penetranter. Wo ist die Frau, die sich wohl in ihrer Haut gefühlt hat? Wo ist die Frau, die so selbstbewusst durchs Leben gegangen ist und große Pläne für die Zukunft geschmiedet hat?

Falls du dich das auch fragst: Keine Sorge, weg ist sie ganz sicher nicht, nur ein wenig undercover! Denn genau diese Frau bist du immer noch, auch wenn du dich (noch) nicht danach fühlst. Genau diese Frau steckt in dir und genau diese Frau holen wir gemeinsam wieder ans Tageslicht. Auch ich habe in einem tiefen Sumpf voller Zweifel festgesteckt und siehe da, – mittlerweile habe ich sogar noch ein Kind. Ich habe meinen inneren Kritiker in den Griff bekommen und genau das schaffst du auch!

Es ist kein Wunder, dass du dich mit solch anderen Augen siehst. Wenn du nächtelang durchmachst oder teilweise nur ein Auge schließen kannst, weil du innerlich immer abrufbereit bist, bist du vor allem eines: saumüde. Doch müde lässt es sich nun mal nicht so einfach durch den Tag spazieren und du reagierst automatisch sensibler auf Kritik. Im Gespräch mit anderen und vor allem auch dir selbst gegenüber. Wenn dann auch kein Kaffee mehr hilft, kommt es schon mal vor, dass du deinen Fokus unbewusst auf die Dinge legst, die dir missfallen. Ob das dann wirklich Dinge sind, die deine Aufregung verdient haben oder nicht, spielt in einem Zustand von Schlafmangel eher eine untergeordnete Rolle. Du wirst unzufrieden mit dir selbst und diese Unzufriedenheit scheint mit der Geburt deines Kindes zu beginnen und sich auch nicht so schnell wieder verabschieden zu wollen. Ich kann supergut verstehen, dass du als frisch gebackene Mama unbedingt alles geben und richtig machen möchtest, aber bitte gib dir dafür auch selbst die nötige Anerkennung und fokussiere dich nicht nur auf das, was gerade nicht klappt. Du gibst dein bestes – und ob du es glaubst oder nicht, dein bestes IST gut genug. Du bist ganz bestimmt keine Rabenmutter, nur weil du dein Baby nicht zu unzähligen Kursen wie Babyschwimmen, Babymassage oder der Säuglingsgruppe anmeldest und auch nicht, wenn du manchmal das Gefühl hast, dass dir alles zu viel wird.

Mit einem Kind verändert sich aber nicht nur der Körper oder das Schlafpensum, sondern oft auch die Beziehung. Meistens ist es nicht so bilderbuchmäßig, wie du es dir vor der Schwangerschaft vielleicht vorgestellt hast. Als Eltern stürmen auf euch beide viele neue Herausforderungen ein, die es erst einmal gemeinsam zu meistern gilt. Dazu kommen dann noch die vielen Entscheidungen sowie die damit einhergehenden Meinungsverschiedenheiten und die Beziehungsprobleme klopfen quasi schon an der Haustür. Ich glaube, ich brauche gar nicht groß zu erwähnen, dass auch das unheimlich am Selbstwertgefühl nagen kann.

Nicht zuletzt sind da noch das Aufgeben des Jobs und die große Frage: Werde ich jemals wieder Karriere machen können oder ist diese Möglichkeit mit der Entscheidung für ein Kind hinfällig geworden? Du wirst aus deinen sozialen Kreisen ziemlich unsanft und abrupt herausgerissen und, – du hast es dir wahrscheinlich schon gedacht – das tut deinem Selbstwertgefühl auch nicht unbedingt gut.

Mit diesem Buch möchte ich dir helfen, deine Liebe für dich selbst Stück für Stück zurückzuholen. Du hast allen Grund dazu, dich toll zu finden und eine selbstbewusste Mama zu sein, denn du bist und bleibst eine so tolle Frau!

Also, liebe Leserin, liebe wunderbare Mama: freue dich auf deine Reise zu deinem neuen Selbstwertgefühl.

Von Herzen,

Deine Sophie

KAPITEL 1

Mama in der Identitätskrise

Mamasein ist toll! Wir stecken so viel Elan, so viel Hingabe und so viel Liebe in unsere Kinder! Doch wir waren nicht immer Mama und die Frage nach dem alten Ich drängt uns früher oder später nahezu unausweichlich in eine persönliche »Identitätskrise«. Eine solche Identitätskrise ist völlig normal und nichts, wofür du dich schämen musst. Es bedeutet auch nicht, dass du es bereust, überhaupt Mama geworden zu sein. Im Gegenteil: Das Mamasein kann für dich das Schönste auf der Welt sein und dein Sprössling kann deinen Alltag noch so sehr beflügeln, – du kannst trotzdem in diese Krise rutschen! Es passiert einfach. Ganz schleichend setzt dieser Prozess ein. Dein Fokus legt sich immer mehr auf dein Kind und damit immer mehr von dir selbst weg. Ein Ungleichgewicht kommt auf. Der Teil von dir, der jetzt Vollzeit-Mama ist, war mal Karrierefrau, leidenschaftliche Hobbyköchin oder die Stimmungskanone auf jeder Party. Da ist es nicht verwunderlich, wenn du dich nach einiger Zeit als Mutter an die früheren Zeiten zurückerinnerst und dich fragst: Wo sind bloß diese Teile von mir geblieben?

Genau das habe ich mich auch gefragt, nachdem mir nach der Geburt klar geworden war, wie sehr sich eigentlich mein Leben gewandelt hatte. Anstatt morgens mit meinen Mädels unbeschwert joggen zu gehen, knüpfe ich schon ab dem Moment, indem der Wecker klingelt, endlose Gedankenschleifen aneinander, um den Tag zu planen. Um alles irgendwie unter einen Hut zu bekommen. Einkaufen, die Krabbelgruppe, der Geburtstag, für den ich immer noch keinen Kuchen habe und natürlich die Freizeitbeschäftigung meines (damals noch einzigen) Kindes. Bin ich überhaupt noch die aufregende und lässige Frau, die ich mal war, oder bin ich mittlerweile zur Langweiler-Mami mutiert, die ich eigentlich niemals werden wollte? Ich habe mich sogar für einen Strickkurs für Babysachen angemeldet, ist das nicht zu viel des Guten? Bin ich für immer »nur noch« Mama? Mache ich als solche überhaupt meinen Job gut? Versteh mich nicht falsch, Mamasein ist klasse und hat mein Leben in fast jeder Hinsicht bereichert, aber irgendwie vermisste ich Teile meines alten Lebens, meines alten Selbst. Meinen alten Job, meine Unbeschwertheit, die regelmäßigen Treffen mit Freundinnen und – ganz besonders – meinen alten Körper.

Für uns Mütter, die mit genau dieser Identitätskrise zu kämpfen haben, gibt es allerdings eine beruhigende Nachricht. Wir sind absolut nicht alleine damit und müssen uns wegen diesem Gefühl auch überhaupt nicht schämen oder schlecht fühlen. Auch dann nicht, wenn man durch die ungeschriebenen gesellschaftlichen Anforderungen das Gefühl bekommt, man müsste dies sehr wohl.

Dazu möchte ich dir gerne eine Studie vorstellen, die an der niederländischen Universität Tilburg durchgeführt wurde.[1] In eben dieser Studie wurden von einem Team aus Wissenschaftlern ganze 85.000 Mütter aus Norwegen vor, während und noch Jahre nach der Schwangerschaft beobachtet und befragt. Die Forscher berichteten, dass das Selbstwertgefühl und das Selbstbewusstsein der Frauen schon während der Schwangerschaft anfing zu sinken. In Zeiten, wo man sich noch nicht den Kopf um die Alltagsgestaltung seines Schützlings zerbrechen muss. In dieser Phase ist vor allem die Veränderung des Körpers der ausschlaggebende Grund für das sinkende Selbstwertgefühl.

Das verlorene Selbstwertgefühl kehrte aber auch nach der Geburt nicht einfach wieder zurück. Nein, tatsächlich ist das Gegenteil eingetreten und mit den Jahren wurde diese Krise bei den befragten Müttern sogar zunehmend schlimmer. Besonders im ersten halben Jahr nach der Entbindung haben viele Mamas – und ich beneide jede, bei der es nicht so ist, – mit einer gewaltigen Portion Schlafmangel zu kämpfen. Damit ist nicht hier und da mal eine etwas unruhige Nacht gemeint, sondern ein wochen- oder monatelanger Marathon, indem man konstant zu wenig nächtlichen Schlaf bekommt. Fügt man dann noch die Veränderung der Hormone hinzu, ist es nur allzu verständlich, dass wir uns selbst nicht mehr mit denselben Augen wahrnehmen. Der dritte Grund, den die Frauen der Studie angaben, ist die Beziehung, die durch Nachwuchs erst einmal ordentlich auf die Probe gestellt wird. Gemeinsame Zeit wird seltener, Streitigkeiten dafür mehr. Diese fehlende Wertschätzung spiegelt sich anschließend im Selbstwertgefühl wider. Zu guter Letzt ist es die berühmt-berüchtigte Einseitigkeit, die uns Mamas in diese Identitätskrise schubst. Immer geht es nur ums Kind, für etwas anderes ist kaum mehr Zeit.

Eine weitere Studie des Instituts GfK Marktforschung schneidet einen weiteren interessanten Punkt dazu an.[2] Wir Frauen sind uns gegenüber unheimlich selbstkritisch. Selbstkritik in Maßen tut zwar gut und ist gesund, doch wenn diese Überhand gewinnt, wandelt es sich schnell ins Negative. So ergab die Studie, dass jede fünfte Frau fürchtet, in irgendeinem Bereich zu versagen. Sei es der Job, das Mama-Dasein, das soziale Umfeld oder, oder, oder. Von den Männern hingegen gab nur jeder Siebte an, dass er sich um dergleichen Gedanken macht. Auch die eigene Intelligenz stufen Frauen oft niedriger ein als Männer. Das wurde an der Universität Heidelberg festgestellt, indem sowohl Männer als auch Frauen in simulierten Vorstellungsgesprächen und Bewerbungstests miteinander verglichen wurden. In einer anschließenden Befragung, in der es darum ging, wer sich wie gut eingeschätzt hat, hielten sich die Männer für recht erfolgreich, die Frauen jedoch ohne jeden Zusammenhang nicht. Fazit: Obwohl sich die Männer realistischer eingeschätzt haben als die Frauen, schnitten beide Gruppen ähnlich gut ab. Die Frauen haben sich einfach nur gnadenlos unterschätzt.

Ich will dir mit diesen Beispielen keine Angst einjagen, dass du in ein paar Jahren womöglich noch tiefer in der Krise steckst als jetzt oder dass es keinen Ausweg gibt. Ich möchte dir lediglich verdeutlichen, dass du nicht alleine damit bist. Alle plagen mal Zweifel, aber das ist noch lange kein Grund zu Verzweifeln!

Ungesunde Folgen eines negativen Selbstbildes

Ein negatives Selbstbild ist ungesund. So sehr, dass dich ein paar wirklich unschöne Folgen erwarten könnten, wenn sich diese Art zu denken auf Dauer bei dir einbrennt. Diese sind nicht nur psychisch, sondern können sich auch auf deinen Körper auswirken. Neben aufkommender Wut oder Aggressionen, die sich teilweise auch bei eher undramatischen Ereignissen aufbauen können, kommt es mitunter auch zu Ängsten, Unsicherheiten und sogar Hemmungen.

Dinge, die wir immer schon mal tun wollten oder früher eigentlich gerne getan haben, streichen wir von unserer To-do-Liste, aus Angst zu versagen. Wir vergleichen uns ständig mit anderen Müttern – vorzugsweise in den sozialen Medien, wo jeder ohnehin nur das zeigt, was supertoll läuft. Sind es mal nicht die »Insta-Mamis«, die unseren Vergleichen standhalten müssen, sind es halt die Frauen aus den eigenen Kreisen, die immer alles so viel besser hinzubekommen scheinen als wir selbst. Wir empfinden Neid und Eifersucht. Dieses ständige Gefühl, dass wir nicht unser Bestes geben oder noch schlimmer, unser Bestes immer noch nicht gut genug ist, kann bis hin zu Depressionen führen. Aus diesem Loch lässt sich dann ohne professionelle Hilfe kaum noch herauskommen.

Durch den erhöhten Stresspegel, der schon Teil des Alltags geworden ist, besteht zudem die Gefahr, dass man ein wenig zunimmt. Verständlicherweise löst das bei den wenigsten Frauen Freudenschreie aus. Eines ist auch völlig klar: Wenn wir uns nicht wohl in unserer Haut fühlen, beeinträchtigt das nicht nur die Selbstwahrnehmung, sondern wir projizieren unsere Denkweise auch auf alle anderen, einschließlich den eigenen Partner. Durch die eigenen Selbstzweifel wird der Partner immer öfter abgewiesen, aufgrund mangelnder Wertschätzung kommt es zu Problemen in der Partnerschaft und frau wird immer einsamer. Einsamkeit wiederum ist ein bedrückendes Gefühl und wirkt sich extrem negativ auf die Lebensqualität und das eigene Wohlbefinden aus. In ganz extremen Fällen kann es sogar so weit kommen, dass deinem Kind gegenüber Hassgefühle aufkommen, da man es unbewusst für diese mangelnde Selbstliebe verantwortlich macht.

Wie du siehst, bleibt es oftmals nicht nur bei einem etwas unguten Gefühl sich selbst gegenüber. Viele Bereiche des Lebens können unter diesem verzerrten Selbstbild leiden und genau deshalb ist es wichtig, den Stier so schnell wie möglich bei den Hörnern zu packen.

KAPITEL 2

Woher kommen unsere Zweifel?

Jede Angst und jeder Zweifel hat irgendwo seinen Ursprung. Sie entstehen nicht ohne Grund vom einen auf den anderen Tag, ohne dass es dafür einen Auslöser gegeben hat. Diesen Auslöser musst du nicht einmal zwingend mitbekommen, irgendwann zweifelst du und entwickelst Ängste. Nicht umsonst ist man in seiner Kindheit oft so neugierig und angstfrei, – man hat ja schließlich noch nicht allzu viele schlechte Erfahrungen gemacht. Ich erinnere mich beispielsweise noch gut, dass ich früher einen riesigen Spaß daran hatte, Spinnen, Käfer und sonstige Krabbeltierchen zu sammeln und genau zu analysieren. Wenn ich heute allerdings nur daran denke, eine Spinne auf die Hand nehmen zu müssen, – am besten eine von diesen großen, haarigen – würde ich am liebsten Reißaus nehmen. Irgendwann habe ich wohl mal eine Erfahrung mit den Tierchen gemacht, die mir nicht so gut gefallen hat. Und daraus hat sich dann mit der Zeit mein Ekel und meine Angst für Spinnen entfaltet. Vielleicht haben mir Freunde und Familie auch nur immer und immer wieder eingetrichtert, dass man vor den Tieren eigentlich Angst haben müsste. Entweder direkt und verbal oder indirekt anhand ihrer eigenen Reaktionen.

Aber genug von den Spinnen. Ich denke, du verstehst, worauf ich hinaus möchte. Jeder gemeine Selbstzweifel, den du hast, hat irgendwo auch seinen Ursprung. Schließlich bist du nicht mit diesen Zweifeln zur Welt gekommen. Zu verstehen, woher unsere mangelnde Selbstliebe kommt und was es eventuell für Auslöser dafür gegeben haben könnte, bringt uns schon einen gewaltigen Schritt in die richtige Richtung.

Alte Wunden

»Mein Bestes reicht noch nicht.«
»Ich habe echt zugenommen.«
»Die anderen Mütter können das viel besser als ich.«

Dir kommen diese oder ähnliche Selbstvorwürfe auch nur im Entferntesten bekannt vor? Dann solltest du jetzt aufmerksam weiterlesen, wenn ich dir die sogenannten Glaubenssätze erkläre. Diese entstehen schon in deiner frühsten Kindheit, weil du als Kind noch keine Informationen von außen auf »Richtig« oder »Falsch« prüfen, geschweige denn dir dein eigenes Bild von einer Situation machen kannst. Alle Informationen prasseln also ungefiltert auf dich ein und werden von deinem Gehirn automatisch als wahr abgestempelt. Je öfter dir so eine Information dann eingetrichtert wird, umso fester verankert sich dieser Glaubenssatz in deinem Kopf.

Mit wem hast du die meiste Zeit in deiner Kindheit verbracht? Vermutlich mit deinen Eltern. Hattest du also eine behütete Kindheit voller Liebe und ohne Sorgen ist die Wahrscheinlichkeit kleiner, dass du irgendwann solche negativen Glaubenssätze entwickelst. Bist du hingegen in einer Familie aufgewachsen, in der du regelmäßig um die Aufmerksamkeit deiner Eltern kämpfen musstest, wenig Wertschätzung erfahren hast oder sogar vernachlässigt wurdest, wird auch dies irgendwann zu deiner Realität. Du bekommst das Gefühl vermittelt, deine Eltern wären nur stolz auf dich, wenn du dich nach entsprechenden Mustern verhältst. Deine Eltern haben dir nur Liebe entgegengebracht, wenn es ihnen gerade gepasst hat und nicht, wenn du es brauchtest. Du hattest ständig das Gefühl, nicht bedingungslos geliebt zu werden, sondern darum kämpfen zu müssen. Kein Wunder, dass du dann auch von dir selbst denkst, dass du nicht gut genug bist oder anfängst, an dir zu zweifeln. Kinder brauchen vor allem Liebe, Nahrung und das Gefühl von Sicherheit. Fehlt eine Komponente, beeinträchtigt das nicht nur die Kindheit selbst, sondern auch das weitere Leben. Vieles brennt sich dabei ganz unterschwellig ein. Die prägenden Momente wirst du wahrscheinlich in dem Moment gar nicht als solche wahrgenommen haben und dich unter Umständen nicht einmal mehr an sie erinnern können. Nur die daraus resultierenden

Glaubenssätze sind noch da und machen dir bis heute das Leben schwer.

Auch wenn du zwischenzeitlich die selbstbewussteste Frau der Welt gewesen bist, können grundlegende Lebensveränderung wie eine Schwangerschaft Auslöser sein, die gewisse Glaubenssätze aus deiner Kindheit wieder ans Licht befördern. Glaubenssätze, die bis heute so fest in deinem Kopf stecken, dass sie auch Jahrzehnte später immer noch getriggert werden können. So liegst du dann also mit deinen selbstzerstörerischen Gedanken im Bett und fragst dich, woher auf einmal all die Zweifel und die fehlende Liebe zu dir selbst kommen. In der frühen Kindheit entwickeln wir nun mal unsere Persönlichkeit und unseren Verstand. Was sich in dieser Zeit in deinen Kopf eingepflanzt hat, wirst du nicht mehr so schnell herausbekommen. Das Ganze bezeichnet man auch als das sogenannte »innere Kind« und es lohnt sich, dieses zu heilen.

Neben dem inneren Kind, was einen Großteil dessen ausmacht, wie wir uns selbst wahrnehmen, gibt es aber auch noch andere Situationen aus deiner Vergangenheit, die zu bleibende Wunden führen können. Das kann eine Trennung oder häufiger Streit mit einem ehemaligen Partner gewesen sein, von dem du dir oft verletzende Dinge anhören musstest. In der Schule oder im Job alles gegeben zu haben und dennoch nicht dein Ziel erreicht zu haben. Oder aber das Gefühl, in deinem früheren

Freundeskreis nie wirklich dazu gehört zu haben. Es gibt noch unzählige weitere Beispiele für vergangene Ereignisse, die bei dir eine solche Wunde hinterlassen haben könnten.

Höchstwahrscheinlich hast du diese Wunden zwischenzeitlich oberflächlich verschlossen, um einfach mit deinem »jetzigen« Leben weiter machen zu können. Auch Verdrängung ist ein tolles Beispiel für eine in Vergessenheit geratene Wunde. Kommt nun auch nur der geringste Auslöser, wird diese zarte Kruste ruckartig abgerissen und die Wunde fängt wieder an zu bluten – und das, ohne dass du überhaupt weißt, woher diese seelische Verletzung ursprünglich kam. Dein Kopf merkt sich nämlich nicht explizit die dazu passenden Ereignisse, sondern lediglich das Gefühl, welches du damals damit in Verbindung gebracht hast. Genau dieses Gefühl ist es dann, was bei einem entsprechenden Trigger (Auslöser) sein unglamouröses Comeback feiert.

Das war jetzt eine ganze Menge Theorie, aber genau das ist wichtig, um zu verstehen, dass alle deine negativen Gefühle und Gedanken dir gegenüber in der Regel weniger mit der aktuellen Situation zu tun haben als mit einer Situation, die du früher mal erlebt und noch nicht bis in die Tiefe verarbeitet hast. Das ganz Wunderbare daran ist aber, dass man an diesen früheren Traumata ansetzen und arbeiten kann.

Bin ich gut genug?

Ganz zwangsläufig plagt dich also in regelmäßigen Abständen die Frage, ob du gut genug bist. Vielleicht nicht genau in diesem Tonfall. Deine Selbstzweifel könnten sich auch folgendermaßen anhören:

»Ich glaube, das bekomme ich nicht hin.«
»Das konnte ich doch sowieso noch nie.«
»Die Anerkennung habe ich wirklich nicht verdient.«

Bevor du nun aber vorschnell das Handtuch wirfst, wenn du vor einer ungewohnten Aufgabe stehst oder du damit kämpfen musst, Komplimente anzunehmen, denke einmal darüber nach: Wenn du es nicht kannst, wer soll es dann schaffen? Wenn du die Anerkennung nicht verdient hast, wer dann? In keiner Familie läuft es hervorragend und das muss es auch gar nicht. Das Schwierige in deiner Situation ist, dass du alles, was gut läuft, als Selbstverständlichkeit hinnimmst und alles, was schlecht läuft, sofort aufsaugst wie ein Schwamm. Das kann Unzufriedenheit mit deinen mütterlichen Leistungen sein, Unzufriedenheit mit deinem Äußeren oder eine allgemeine Unsicherheit, weil du das Vertrauen in dich selbst verloren hast.

Der ständige Vergleich

Wie sagt man doch gleich noch? Der Tod des Glückes ist der Vergleich. Indem wir uns ständig mit allem und jedem um uns herum vergleichen, fallen uns verstärkt genau die Dinge auf, die wir nicht sind. Nicht so schlank, nicht so produktiv, nicht so beliebt oder gesellig. Das Problem mit den Vergleichen ist aber: Sie machen in 99 % der Fälle nicht einmal Sinn. Es ist, als würde man wortwörtlich Äpfel mit Birnen vergleichen.

Heutzutage ist nämlich fast nichts mehr echt, was du siehst. Fotos in den sozialen Medien zeigen Models, die quasi einige Wochen nach der Geburt schon wieder eine Figur haben, als wären sie niemals schwanger gewesen. Sie widmen sich trotz Kind weiterhin ihrer Karriere und gaukeln uns das Traumleben vor, was wir niemals erreichen werden. Natürlich sind solche Bilder für viele eine Inspiration, für die meisten jedoch schlichtweg frustrierend. Ohne Personal-Trainer, einem Rund-um-die-Uhr-Kindermädchen und jeder Menge freie Zeit wird es nicht nur schwer, das zu erreichen, sondern sogar unmöglich.

Als wäre das nicht schon genug, wird jede noch so kleine Delle und jedes Fältchen mit teuren Bildbearbeitungsprogrammen sofort von Profis wegretuschiert. Man vergleicht sich also mit Menschen, die so nicht einmal existieren. Was mir persönlich am meisten auf den Geist geht, sind dann aber diese Insta-Mamis, die ganz stolz eine winzig kleine Speckfalte präsentieren und unter ihrem Bild einen ellenlangen Text verfassen, wie sehr sie diese »Unebenheiten« an sich lieben und dass es ganz normal ist, so auszusehen, nachdem man ein Kind bekommen hat. Also, wenn das Unebenheiten sind, dann wäre ich eine einzige Unebenheit, – so eine Figur hatte ich nicht mal vor der Schwangerschaft. Es kommt gut an, wenn man sich auch als Internetbekanntheit als ganz normale Person ausgibt. Das gibt Klicks, Likes und dementsprechend Geld. Dass dabei häufig gar keine »echten Makel« präsentiert werden, ist zweitrangig.

Nun sind es aber nicht nur die Models, mit denen man sich dauernd vergleicht. Auch mit dem eigenen Umfeld findet ein nie endender Kampf der Vergleiche statt. Hier gibt es keine Filter, keine Bearbeitungsprogramme, also sollte die Selbstkritik doch angebracht sein, oder? Nicht so ganz. Obwohl es im echten Leben keine Bildbearbeitung gibt, können die anderen Mamas immer noch filtern, was sie nun erzählen möchten und was nicht. Wie in den sozialen Medien möchte man sich schließlich auch im Alltag möglichst von seiner besten Seite zeigen. Negative Ereignisse werden unter den Tisch gekehrt und Probleme gibt es nicht. Natürlich ist dir bewusst, dass das nicht der Realität entspricht. Dennoch ist es manchmal aber nur schwer zu unterscheiden, was echt ist und was nicht, wenn man damit von allen Seiten regelrecht zugedröhnt wird. Die eine Mama aus der Krabbelgruppe erzählt stolz, wie sie beim Pilates schon wieder Fortschritte macht, verschweigt aber gekonnt, dass der Haussegen mal wieder total schief hängt. Die Nächste freut sich, dass ihr Mann beim zweiten Kind in die Elternzeit geht und ihre Karriere dadurch weiter vorangeht, wird aber viele wunderschöne Momente mit ihrem Kind verpassen. Und dann gibt es da noch diese Super-Muttis, bei denen sowieso immer eitel Sonnenschein herrscht. Egal, ob der tolle neue Kinderwagen, der private Babyschwimmkurs oder der Designer-Strampler – alles ist »perfekt«.

Ich will keine Spielverderberin sein, aber mir sind ehrliche Gespräche unter Müttern tausendmal lieber als dieser ständige Wettkampf darum, wer es denn nun richtig macht und wer den Titel »Mutter des Jahres« verdient. Eben weil diese offene Kommunikation jedoch oft nicht der Fall ist, brauchst du dir auch gar nicht so viel von dem anzunehmen, was um dich herum passiert. Konzentriere dich auf dich und nicht auf die anderen und du wirst sehen, dass eigentlich alles gut läuft.

Unrealistische Ansprüche an sich selbst

Es ist fatal, aber auf Basis der falschen Eindrücke, die uns tagtäglich vermittelt werden, entsteht ein eigenes Bild davon, wie eine gute Mutter überhaupt auszusehen hat. Uns wird suggeriert, dass wir wie selbstverständlich aufopferungsvoll für unser Kind da sein müssen, nebenbei den Haushalt nicht vernachlässigen dürfen und am besten täglich Sport treiben sollen. Erschrocken wirst du aber eher früher als später erkennen, dass du an genau dieses

(Ideal-)Bild niemals herankommen wirst, – denn es ist unrealistisch. Unrealistische Ansprüche an deine Figur, deine Fähigkeiten als Mutter, als Partnerin oder deine Leistungen im Alltag und Job pushen dich nicht zu Bestleistungen. Es tritt viel eher das Gegenteil ein. Du merkst, wie du nach und nach keines deiner hochgesteckten Ziele zu deiner Zufriedenheit erfüllen kannst. Unrealistische Ansprüche frustrieren dich. Die Erfolgserlebnisse bleiben gänzlich aus und in dir wächst nur noch mehr Unzufriedenheit.

Ich erinnere mich noch gut an eine Situation, an der ich eine Weile zu knabbern hatte. Eine frisch gebackene Mutter aus meinem Bekanntenkreis, die relativ zeitnah mit mir ihr Kind bekommen hatte, sah bereits 6 Monate nach der Geburt wieder top aus. Sie strahlte eine Selbstzufriedenheit aus, auf die ich unglaublich neidisch war. Wenn ich eines zu dieser Zeit nämlich nicht war, dann war es zufrieden mit mir selbst. Ich dachte mir, wenn sie es schaffen kann in dieser Zeit ihr Wohlfühlgewicht wiederzubekommen, kann ich das auch! Gesagt ... nicht getan. Jeden Tag hatte ich gefühlt eine Million andere Dinge zu tun, die ganz einfach eine höhere Priorität hatten als ein Work-out. Und wenn ich dann – endlich, endlich – mal ein wenig Zeit für mich hatte, war das Letzte, woran ich denken wollte, mich jetzt auch noch körperlich verausgaben zu müssen. Irgendwann musste ich mir selbst eingestehen, dass ich mir zu viel vorgenommen und mich dadurch enorm unter Druck gesetzt hatte.

Diese Erkenntnis war wie eine Befreiung und alles andere als ein Scheitern. Denn: Ich bin eben nicht sie, ich bin ich.

Genau wie ich einfach nur ich bin und auch niemand anderes sein kann – und mittlerweile auch nicht mehr will, – bist du einfach du. Alle deine Vorstellungen davon, wie eine perfekte Mutter auszusehen hat, sind unbedeutend. Es gibt sie nämlich nicht!

Anzeichen für ein mangelndes Selbstwertgefühl

Es ist nicht immer gleich ersichtlich, ob du nur eine schwierige Phase durchmachst oder tatsächlich mangelndes Selbstwertgefühl die Ursache für deinen Gefühlszustand ist. Abhängig von der eigenen Persönlichkeit kann sich mangelndes Selbstwertgefühl auf ganz unterschiedliche Weisen bemerkbar machen. Damit du diese zukünftig sofort erkennen und dich selbst und dein Verhalten ein bisschen besser verstehen kannst, möchte ich dir nun einige dieser Anzeichen vorstellen.

Die offensichtlichen Anzeichen

Ein niedriges Selbstwertgefühl kann sich auf so unterschiedliche Arten zeigen, dass es manchmal sogar geradezu paradox erscheint. Gleichzeitig gibt es aber auch ganz offensichtliche Anzeichen, an denen sich ein fehlendes Selbstvertrauen sofort erkennen lässt.

Da wäre beispielsweise das Problem mit dem Annehmen von Komplimenten. Nette Worte wie: »Deine Frisur sieht heute wirklich toll aus!«, treiben dir kein Lächeln, sondern die Schamesröte ins Gesicht. »Was zur Hölle antworte ich jetzt?« Statt einem einfachen »Danke« wertest du das Kompliment lieber sofort ab, stellst die Ehrlichkeit infrage oder gehst davon aus, dass die Nettigkeit einen bestimmten Zweck verfolgt. Du hast Angst, selbstgefällig oder gar arrogant zu wirken, wenn du das Kompliment annimmst. Deshalb entgegnest du lieber Sprüche wie: »Ach, die habe ich doch nur schnell zusammengesteckt!«, und schiebst das Kompliment damit sofort wieder von dir. Damit aber nicht genug, weil sich anschließend dein schlechtes Gewissen meldet und du das Gefühl hast, deinem Gegenüber auch ein Kompliment machen zu müssen, fügst du noch schnell so etwas wie »deine Haare sehen übrigens auch toll aus!« hinzu. Folglich lenkst du die ganze Aufmerksamkeit direkt auf die andere Person. So oder so: Menschen mit geringem Selbstwertgefühl ein Kompliment zu machen, kann ziemlich anstrengend werden.

Ein zweites offensichtliches Anzeichen für ein mangelndes Selbstbewusstsein ist, wenn du jeglichen Diskussionen oder Streits mit Vorliebe aus dem Weg gehst. Du traust dich nicht, deine Meinung klar zu vertreten und akzeptierst schnell die Sichtweisen anderen, auch wenn du eigentlich einen ganz anderen Standpunkt pflegst. Du schluckst dein Ego und alles, was du eigentlich zu sagen hättest runter, um bloß niemandem auf den Schlips zu treten. Du hast schlichtweg nicht genug Vertrauen in dich, um in solchen Situationen zu dir und deinen Ansichten zu stehen. Das ist extrem schade, denn gerade Diskussionen und unterschiedliche Meinungen bringen Gespräche, Projekte und vieles mehr erst so richtig voran. Die Überwindung ist für dich aber einfach zu groß. Daher bist du lieber still, auch wenn dein Herz anfängt zu rasen und du dich selbst ärgerst, dass du keinen Ton hervorbringst.

Ich möchte dich nicht zu lange mit dem Offensichtlichen langweilen, aber eine Sache liegt mir doch noch sehr am Herzen: Konzentriere dich bitte nicht nur auf deine Schwächen! Menschen mit geringem Selbstbewusstsein tragen häufig ein äußerst negatives Selbstbild durch das Leben und fokussieren sich nur auf das, was sie nicht können. Hast du auch oft das Gefühl, etwas nicht zu können oder zu schaffen, obwohl du es noch nie ausprobiert hast? Durch diese negative Einstellung gegenüber dir selbst bleibst du konsequent unter deinem eigentlichen Horizont des Möglichen und hältst dich selber klein. Chancen werden nicht genutzt, denn deine Gedanken beginnen nicht mit »Was ist, wenn es klappt?«, sondern mit »Was ist, wenn es nicht klappt?«. Angenommen, du möchtest eigentlich gerne einen neuen Sport beginnen, den du auch von zu Hause aus machen kannst, um bei deinem Kind zu bleiben. Doch kaum hast du dich für eine Sportart entschieden, beginnt dein Kopf damit, es dir wieder ausreden zu wollen. Was ist, wenn du doch keinen Spaß dran hast? Was ist, wenn du extra Equipment kaufst und es dann in der Ecke verstaubt? Was ist, wenn du es nicht durchziehst und dann frustriert bist? Dein innerer Kritiker gewinnt die Oberhand und du schiebst die Idee unverrichteter Dinge wieder zur Seite. Aber eine Frage habe ich noch: Was ist, wenn es klappt und du Spaß daran hast? Genau! Dann hast du etwas Tolles für dich entdeckt, was dir angenehme Abwechslung zu deinem Mama-Alltag bietet und dennoch erlaubt, an Ort und Stelle zu bleiben. Super, oder? Eigentlich hasse ich ja diesen Spruch, aber irgendwie hat er doch seine Richtigkeit: »Wer nicht wagt, der nicht gewinnt.«

Es gibt absolut keinen Grund, immer nur negativ zu denken. Frage dich das nächste Mal, wenn du dich aus der Gewohnheit heraus mal wieder dabei erwischt lieber ganz bewusst, ob diese negative Denkweise gerade überhaupt sinnvoll ist oder ob du dich nur wieder hinter deinen eigenen negativen Gedanken verschanzt.

Die unauffälligen Anzeichen

Die offensichtlichen Anzeichen lassen sich leicht erkennen, so viel ist klar. Doch mangelndes Selbstbewusstsein kann sich auch noch auf ganz andere, unauffällige Weise zeigen. Ich würde sogar behaupten, dass man bei vielen Menschen mit diesen Verhaltensmustern eher davon ausgehen würde, dass sie nur so vor Selbstbewusstsein strotzen.

Zu genau dieser Art von Anzeichen gehört in erster Linie das ständige Kämpfen um Aufmerksamkeit, Bestätigung oder Anerkennung. Kannst du von dir behaupten, dich selbst zu lieben? Oder bist du auf deine Mitmenschen angewiesen und holst dir deine ganze Bestätigung von außen? Du prahlst mit Geschichten, willst prinzipiell alles besser machen als andere und sorgst permanent dafür, dass deine Leistungen gesehen und gelobt werden. Dein Kind muss den schönsten Strampler tragen, die Kindergeburtstagsparty der absolute Knaller sein und die anderen Mamas am besten sprachlos vor Staunen. Das gibt dir den nötigen Dopamin-Kick, den dein mangelndes Selbstwertgefühl dir nicht aus deinem Inneren heraus gönnt. Gerade diese Menschen wirken auf andere eher wie selbstbewusste Personen, da sie teilweise unglaublich viel über sich reden. Dabei sind es häufig aber genau solche Menschen, die diese Bestätigung von anderen als Antrieb benötigen und tatsächlich alles andere als selbstbewusst sind.

Ein weiteres Anzeichen für mangelndes Selbstbewusstsein ist, wenn du dich nicht mehr wirklich für andere freuen kannst. Erst recht dann nicht, wenn sie etwas haben, was du selbst gerne hättest. Der Begriff »von Herzen gönnen« gehört quasi gar nicht mehr zu deinem persönlichen Wortschatz. Um dich dann nicht schlecht zu fühlen, redest du die Erfolge anderer herunter oder missachtest sie sogar. Im Gegensatz zu den offensichtlichen Anzeichen vermeidest du den Konflikt also nicht, sondern stürzt dich direkt ins Geschehen. Dein Gegenüber soll schließlich ruhig wissen, was du von seinem Erfolg hältst, – und das ist nicht viel. Rückblickend weißt du zwar, dass dieses Verhalten falsch ist, aber manchmal brennt es einfach mit dir durch. Du fühlst dich von Familie und Freundin bedroht, als wäre das ganze Leben und speziell dein Leben und Wirken als Mama ein Wettkampf. Solche Menschen haben übrigens auch unglaublich starke Schwierigkeiten damit, Kritik anzunehmen. Ein Tipp von deinem Partner, dass du beim nächsten Auflauf etwas stärker würzen könntest, wird sofort als Angriff gewertet und in »Du bist eine schlechte Köchin« übersetzt. Sachliche Kritik oder Verbesserungsvorschläge sind ausdrücklich nicht erwünscht, denn diese siehst du nicht als Möglichkeit zur Verbesserung, sondern als Kritik an deiner Person. Aber mal ganz ehrlich, was hat es mit deiner Person zu tun, wenn dein Partner sich mehr Gewürze wünscht? Geschmäcker sind nun mal verschieden. Das bedeutet nicht, dass du eine schlechte Köchin bist, sondern nur, dass dein Partner es gerne etwas würziger mag.

Wie du siehst, kann sich fehlendes Selbstwertgefühl auf zwei völlig konträren Arten äußern und viele Erscheinungsformen haben. Natürlich gibt es noch zahlreiche weitere Anzeichen und Zwischenformen – jeder Mensch ist schließlich individuell. Doch dieses Hintergrundwissen kannst du nun zur Selbstreflexion nutzen, – wozu es in erster Linie auch gedacht ist – oder um Menschen in deinem Umkreis, die eventuell ein ähnliches Verhalten an den Tag legen, besser zu verstehen.

KAPITEL 3

(Un)gesundes Selbstbewusstsein

Mit diesem Ratgeber möchte ich dir wieder zu einem ausgewogenen Selbstbewusstsein verhelfen. Ausgewogen sage ich deshalb, weil es neben dem gesunden Selbstbewusstsein auch ungesundes Selbstbewusstsein gibt. Zu viel Selbstbewusstsein, geht das? Absolut! Du kennst doch sicherlich auch diese Menschen, die von sich selbst gar nicht genug bekommen können, grundsätzlich immer im Recht sind und sich so verhalten, als würde sich die ganze Welt nur um sie drehen. Sie handeln meist egoistisch und andere Menschen oder Meinungen scheinen ihnen fast egal zu sein. Wenn ich vorstellen darf: Diese Menschen nennt man Narzissten. Sie haben oft ein völlig verzerrtes Selbstbild und verhalten sich genau deswegen auch so, wie sie es nun mal tun – zum Unverständnis ihrer Mitmenschen. Doch wie lässt sich ein gesunder Selbstwert von Komplexen und Narzissmus unterscheiden? Diesem Thema widmen wir uns in dem nachfolgenden Kapitel mal etwas genauer.

Was ist Selbstliebe?

Selbstliebe – dieses Wort ist dir wahrscheinlich schon des Öfteren begegnet, aber weißt du auch, was sich eigentlich dahinter verbirgt? Selbstliebe ist in erster Linie natürlich kein Wort, sondern ein tiefes Gefühl der Annahme und der Akzeptanz – dir selbst gegenüber. Du akzeptierst (und liebst) dich also selbst. Genauso, wie du eben bist. Damit meine ich nicht nur, dass du die tollen Seiten an dir lobst, deinen guten Geschmack, die tolle Figur, dein sympathisches Lachen. Bei der Selbstliebe geht es nämlich insbesondere darum, auch die Seiten an dir zu akzeptieren und zu lieben, auf die du eigentlich nicht besonders stolz bist. Zu akzeptieren, dass jeder Mensch seine Fehler hat und das Ecken und Kanten eine Person überhaupt erst ausmachen. So bist auch du keine aalglatte Person, sondern eine mit Makeln, kleinen Baustellen und Macken. Selbstliebe ist das gnadenlose Annehmen deines Selbst.

Bei der Persönlichkeitsentwicklung ist der Weg das Ziel. Wir als Menschen befinden uns in einem ständigen Wandel. So bist du jetzt beispielsweise auch nicht mehr exakt derselbe Mensch, der du noch beim Lesen des ersten Kapitels warst. Wir entwickeln uns ständig weiter, lernen dazu und wachsen an unseren Herausforderungen. Anstelle dich jetzt auf diesem Weg, – der übrigens niemals enden wird, soviel kann ich dir versprechen, – für deine Macken herabzusetzen, dich dafür zu verstecken oder gar zu schämen, solltest du deine Situation so annehmen, wie sie aktuell nun mal ist. Du kannst an dir arbeiten, aber bis dahin sei zufrieden, glücklich und dankbar für das, was du bereits hast. Gerade jetzt, in diesem Moment lässt sich sowieso nicht viel daran ändern. Das Einzige, was sich ändern würde, wäre wahrscheinlich deine Laune.

Dabei gibt es so viele gute Gründe, unseren Charakter und unseren Körper zu lieben. Bestimmt hat dein Charakter schon vielen Menschen ein Lächeln auf die Lippen gezaubert oder sogar dich selbst hin und wieder amüsiert. Er hat unzählige tröstende Schultern zum Ausweinen geboten, geduldig zugehört und liebevolle Ratschläge erteilt. Allein mit deiner Aufgabe als Mama dürftest du die obigen Beispiele sogar mehrmals wöchentlich, – wenn nicht sogar täglich – leisten. Dein Charakter bist du und du bist liebenswert. Sogar dann, wenn du mal einen schlechten Tag hast, am liebsten ins Kissen schreien würdest oder dich dabei ertappst, wie du aufgrund deiner Laune einen missbilligenden Kommentar heraus zischst.

Denke jetzt auch mal an deinen Körper. Dein Herz schlägt jede Sekunde, um dich am Leben zu halten. Deine Lungen befördern ganz automatisch Sauerstoff in deinen Körper. Deine Beine tragen dich, wohin du willst. Dein Bauch zaubert aus Nahrung wertvollen Kraftstoff zum Überleben. Dein Körper ist wahrlich ein Geschenk und ein Wunder und dafür dankbar zu sein, bringt dich deiner Selbstliebe einen Schritt näher.

Früher fiel es mir zugegebenermaßen auch sehr schwer, Liebe und Akzeptanz für alle Bereiche an mir zu finden, die ich bis dato mit einem dicken »Baustellenschild« markiert hatte. Dazu gehörten die Dehnungsstreifen nach der Geburt genauso wie manche meiner Charakterzüge. Ich habe mich oft dabei erwischt, wie ich nicht wirklich Freude empfinden konnte, wenn ich zugleich neidisch auf etwas war, was Bekannte oder Freunde von mir erreicht hatten. Ich wollte mich ja freuen, aber irgendwie war es wie eine dunkle Wolke, die sich in solchen Momenten in mir zusammenbraute und wahre Freude für die anderen sofort verdrängte. Dafür habe ich mich sehr geschämt, denn eigentlich war ich immer ein Mensch gewesen, der sich gut mit anderen freuen konnte.

Als ich mich dann irgendwann das erste Mal mit diesem ganzen Thema auseinandersetzte, kam es mir seltsam und falsch vor, auch diese Seiten einfach an mir zu akzeptieren und so zu tun, als würden sie mich nicht weiter stören. Die Erkenntnis kam erst, als ich gemerkt habe, dass man seine Fehler nicht zwangsläufig gut finden muss, um sie zu akzeptieren. Man kann an ihnen arbeiten und etwas dagegen unternehmen, aber die Macken in dem gegenwärtigen Moment trotzdem annehmen. Ein kleines Beispiel dafür, was mir geholfen hat, das alles ein bisschen besser zu verstehen, sind meine Kinder. Sicherlich finde ich nicht alles super, was sie machen. Manchmal muss ich sie auch ermahnen oder kann nächtelang nicht schlafen, weil sie mir mal wieder irgendwelche Sorgen bereiten. Trotz allem liebe ich meine Kinder mehr als alles andere. Ich würde sie gegen kein Geld der Welt eintauschen wollen, auch nicht gegen das perfekteste, ruhigste und am besten erzogene Kind der Welt. Es sind nun mal meine Kinder und deswegen liebe ich sie so sehr – und es bin eben auch ich, die Person, die mir selbst wohl immer am nächsten stehen wird. Deswegen liebe ich mich. Deswegen solltest du dich lieben, wie du auch deine Kinder liebst. Du siehst ihre Fehler, aber an deiner Liebe zu ihnen ändert das nichts. So kannst du auch deine Fehler sehen und sie mit aller Ehrlichkeit annehmen, ohne dass deine Liebe zu dir dadurch geschwächt wird.

Was unterscheidet Narzissmus von Selbstliebe

Wie ich am Anfang des Kapitels bereits angekündigt habe, gibt es nicht nur eine gesunde Selbstliebe, sondern auch eine überzogene Art dieser: den Narzissmus. Im Allgemeinen haben Selbstliebe und Narzissmus zwar überhaupt nichts miteinander zu tun, dennoch gibt es kaum etwas, das so häufig miteinander verwechselt wird wie diese beiden Begriffe.

Schließlich spricht man sowohl bei Selbstliebe als auch bei Narzissmus im weitesten Sinne von der Liebe zu sich selbst.

Narzissten empfinden allerdings keine ehrliche Selbstliebe, sondern eine krankhafte Selbstverliebtheit. Sie sind süchtig nach sich selber, wie frisch verliebte Pärchen, die voneinander nicht genug bekommen können. Narzissten sehen andere Menschen nicht als eigenständige Personen mit Gefühlen, Willen und eigenen Interessen, sondern lediglich als einen Nebencharakter in ihrem eigenen Leben. Da sich Narzissten als Regisseur ihres eigenen Lebens sehen, ist es für sie unabdingbar, dass auch alle Nebendarsteller nach ihrem Drehbuch handeln. Wer sich dennoch gegen die Meinungen oder den Willen des Narzissten sträubt, hat schlechte Karten. Als Regisseur kann der Narzisst nicht verstehen, wieso seine eigene Besetzung plötzlich anders handelt als vorgesehen und reagiert darauf mit Unverständnis, Wut oder Kälte. Narzissten nehmen die Realität also völlig verschoben und verzerrt wahr.

Menschen mit narzisstischen Zügen geben sich darüber hinaus die größte Mühe, dieses überzogene Selbstbild vor sich und der Welt zu wahren. Dies kann sich darin äußern, dass sie sich zu unzähligen Solarium-Besuchen schleppen, täglich im Fitnessstudio trainieren oder sogar kosmetische Eingriffe in Erwägung ziehen. Der für Außenstehende häufig gesund wirkende narzisstische Lebensstil bringt zudem noch einen »praktischen« Nebeneffekt mit sich: Narzissten haben etwas zu erzählen. Sie berichten über Erfolge beim Sport oder darüber, wie viel Dinge sie heute schon erfolgreich erledigt haben und versuchen so, die Anerkennung und Bewunderung der anderen einzuheimsen. Diese Bewunderung der anderen ist auch genau das, was den Narzissten füttert, – denn obwohl der Narzisst ein überdurchschnittlich hohes und völlig überzogenes Selbstbild hat, braucht er die Bestätigung von außen, um dieses zu wahren.

Durch diesen kurzen Einblick dürfte es dir nun hoffentlich schon ein wenig leichter fallen, Selbstliebe von Selbstverliebtheit – dem Narzissmus – zu unterscheiden. Eine bedeutende Eigenschaft von Menschen mit einer gesunden Portion Selbstliebe ist es, Fehler zuzugeben und sich selbst Schwächen einzugestehen. Für einen Narzissten wäre dieses Verhalten undenkbar, denn sein Selbstbild würde gehörig darunter leiden. Ein Narzisst ist zu jeder Zeit davon überzeugt, keine Fehler zu machen und die Situation unter Kontrolle zu haben. Sogar wenn Außenstehende ihn kritisieren oder sachlich auf etwas hinweisen, reagiert der Narzisst entweder erbost oder begibt sich direkt in die Opferrolle.

Vielleicht verbindest du den Gedanken an einen Narzissten auch mit Manipulation. Narzissten verstehen es, ihre Mitmenschen genau auf die Weise zu beeinflussen, dass für sie das bestmögliche Ergebnis dabei herauskommt. Da es ihnen gleichzeitig schwerfällt, sich in andere Menschen hineinzuversetzen, ist es Narzissten zumeist egal, wie sich die anderen dabei fühlen oder wie es ihnen damit geht. Nichtsdestotrotz ist es aber tatsächlich so, dass Narzissten gar nicht wirklich absichtlich manipulieren oder alles so legen, wie es für sie am besten passt. Sie handeln lediglich so, wie es für sie am sinnvollsten erscheint. Geschichten werden übertrieben erzählt, Tatsachen verändert. Die psychische Störung ist manchmal bereits so weit fortgeschritten, dass Betroffene selbst gar nicht mehr zwischen ihren Fantasiegeschichten und dem, was wirklich geschehen ist, unterscheiden können. In ihrem Größenwahn basteln sie sich aus verschiedenen Erinnerungsschnipseln eine neue Geschichte zusammen. Oft sind sie von der Neuinterpretation so begeistert, dass sich diese als falsche Erinnerung in ihre Köpfe einbrennt und sie davon ausgehen, die Dinge wären wirklich so passiert. Genau diese eigene Überzeugung macht es wiederum so schwer, einen Narzissten zu erkennen. Zudem sind Narzissten auch die Meister des perfekten ersten Eindrucks. Sie wirken sympathisch, unglaublich charmant, intelligent und legen je nach Umfeld immer den passenden Humor an den Tag. Dadurch sichern sie sich schnell die Beliebtheit bei ihren Mitmenschen. Einen Narzissten zu erkennen wird also meistens erst dann möglich, wenn man die Person schon eine Weile kennt.

Interessanterweise zeigt sich Narzissmus bei Männern und bei Frauen auf unterschiedliche Weise, sodass es gerade bei anderen Frauen häufig besonders schwer ist, den Narzissmus zu erkennen. Das typische Klischee beschreibt oft nur den männlichen Narzissmus, der sich durch Größenwahn, Arroganz und Kontrollverhalten zeigt. In einer Sache sind sich sowohl der männliche als auch der weibliche Narzissmus jedoch sehr ähnlich: Beide versuchen, nach Außen ein perfektes Bild abzugeben, um dadurch den eigenen Selbstwert vor dem Zusammenbrechen zu schützen.

Bei männlichem Narzissmus spricht man auch von offenem Narzissmus, da die Herren der Schöpfung dickhäutig, konfliktfreudig und vor allem in ihrem tiefsten Inneren von sich überzeugt sind. Eine vernünftige und glückliche Beziehung mit einem Narzissten ist kaum möglich, es sei denn, man möchte dauernd zurückstecken. Männer mit dieser Störung lieben es, ihr Umfeld zu kontrollieren, streben nach Machtpositionen vorzugsweise in erfolgreichen Konzernen, werden schnell aggressiv und hören sich unglaublich gerne reden. Im Gegenzug dazu sind sie aber auch schlechte Zuhörer, die dem Gegenüber ganz offenkundig wenig bis gar kein Interesse entgegenbringen. Es interessiert sie schlicht nicht. Hat man gute Nachrichten, werden diese abgewertet, hat man schlechte Nachrichten, wird einem unterstellt, man braucht bloß Aufmerksamkeit. In einer Beziehung mit einem männlichen Narzissten kann man nicht gewinnen.

Narzisstische Frauen leiden hingegen unter dem sogenannten verdeckten Narzissmus. Im Gegensatz zu männlichen Narzissten sind sie ausgezeichnete Zuhörerinnen. Allerdings nicht aus ehrlichem Interesse, sondern weil sie das Gesagte nach Anzeichen von Kritik oder verwertbaren Informationen filtern. Hier kommt häufig auch die Opferrolle ins Spiel. Im Gegensatz zu den Männern sind sie nicht von sich überzeugt, – auch wenn sie nach außen so auftreten, – sondern zutiefst unsicher. In Beziehungen tendiert die Damenwelt der Narzissten eher zur Unterwerfung, anstatt zum Kontrollwahn. Zudem sind sie ebenfalls anders als die Männer, dünnhäutig und nehmen alles Mögliche sofort persönlich. Bei weiblichen Narzissten kannst du zudem oft beobachten, dass sie sich besonders bemühen, in das typische Frauenbild zu passen. Sie verhalten sich dementsprechend weiblich und kleiden sich auch so. Weibliche Narzissten sind außerdem anfälliger für Begleiterkrankungen wie Magersucht oder Depressionen.

Das hört sich jetzt erst mal ziemlich beängstigend an. Tatsächlich sind aber nur etwa 0,5–1,5 % der Bevölkerung vom krankhaften Narzissmus betroffen.[3] Dennoch sollten wir gut darauf achten, dass der kleine Narzisst in uns nicht die Überhand gewinnt. Denn ein bisschen Narzissmus steckt in jedem von uns.

Narzisstische Züge frühzeitig erkennen

Um uns selbst vor krankhaftem Narzissmus schützen zu können, müssen wir eventuelle narzisstische Züge rechtzeitig bei uns selbst entlarven. Zunächst einmal ist es jedoch wichtig zu verstehen, dass Narzissmus nicht per se krankhaft, sondern in gewisser Hinsicht sogar ein wichtiger Bestandteil unserer Persönlichkeit ist. Er sorgt dafür, dass wir uns nicht vernachlässigen und um uns selbst kümmern. Geschieht dies in einem gesunden Maß, sprechen wir gemeinhin nicht mehr von Narzissmus, sondern von Selbstliebe. Du solltest Narzissmus also nicht mit Selbstliebe verwechseln. Nur weil du dich gerne im Spiegel bewunderst oder dich wertvoll fühlst, macht dich das nämlich noch lange nicht zu einem Narzissten. Selbstliebe markiert die Grenze zwischen Narzissmus und einem starken Selbstbewusstsein und ist eine wesentliche Voraussetzung für ein erfülltes Leben. Und dennoch müssen wir darauf achten, dass wir es nicht übertreiben und unsere Selbstliebe irgendwann ins Ungesunde kippt. Es ist immer einfach, sich nach anderen Menschen umzusehen und sie – meist zu Unrecht – als Narzissten abzustempeln. Allein der »Selfie-Boom« ist ein wahrlich gefundenes Fressen dafür. Doch die eigentliche Königsdisziplin liegt darin, sich selbst kritisch betrachten zu können und eigene narzisstische Züge frühzeitig zu erkennen. Folgendes Wissen kann dir dabei helfen, den Narzissten in dir zu erkennen und dir den Weg zur wahren Selbstliebe ebnen.

Das Streben nach Perfektionismus

Narzisstische Züge lassen sich häufig daran erkennen, dass du eigene Fehler nicht länger annehmen kannst, sondern versuchst, diese bereits im Keim zu ersticken. Und daran, dass du unglaublich wütend auf dich selbst bist, wenn dir doch mal ein Fehler unterläuft. Das Bild, was du nach außen hin abgibst, ist dir wichtiger als der Sturm, der in deinem Inneren tobt. Daher achtest du auch immer akribisch darauf, perfekt gestylt zu sein. Sogar dann, wenn du nur schnell zum Supermarkt fährst oder deine Kinder abholst.

Ein weiteres Anzeichen äußert sich darin, dass du dich oft von anderen Frauen »bedroht« fühlst. Was ist, wenn diese attraktiver wahrgenommen werden als du? Was ist, wenn sie interessanter sind? Um diesem unangenehmen Gefühl zu entfliehen, lässt du in Gesprächen hin und wieder negative Bemerkungen über genau diese Frauen fallen. Denn das gibt dir selbst Bestätigung, erst recht, wenn deine Worte Zustimmung erhalten.

Kritik ist wie ein Schlag in den Magen

Wenn du problemlos Kritik austeilst, bei Kritik an deiner Person aber zur Überempfindlichkeit neigst, könnte dies ebenfalls ein Indiz für eine heranwachsende, narzisstische Persönlichkeitsstörung sein. Krankhafte Narzissten sind nämlich Profis beim Austeilen von Kritik. Werden sie hingegen selbst kritisiert, können sie in der Regel nur schwer damit umgehend. Dies zeigt sich beispielsweise auch darin, dass du konstruktivste Kritik sofort als einen persönlichen Angriff wertest und mit Unverständnis oder Wut erwiderst. Kritische Äußerungen sind aber nicht nur verletzend, sondern bedrohen sofort dein ganzes Selbstbild. Dieses ist bei einer weiblichen narzisstischen Störung ohnehin schon sehr brüchig. Wenn du nicht aufpasst, kann es sogar so weit gehen, dass du dich nach Kritik oder einer negativen Veränderung in deinem Leben sofort gänzlich verloren fühlst und im schlimmsten Fall in psychische Probleme rutscht.

Kinder werden zu Marionetten

Eine Mutter will, dass ihre Kinder glücklich sind und etwas aus ihrem Leben machen. Dazu gehört aber auch zu akzeptieren, dass Glück für deiner Kinder vielleicht etwas anderes bedeutet als für dich. Bei einer narzisstischen Persönlichkeitsstörung kann es dazu kommen, dass du ganz unbewusst deine eigenen Vorstellungen von einem tollen Leben auf deine Kinder projizierst. Ähnlich wie in den unzähligen amerikanischen Serien, in denen die Kinder die unerfüllten Träume ihrer Eltern fortsetzen müssen. Grund dafür ist, dass narzisstische Mütter sich vollkommen mit ihren Kindern identifizieren, – vor allem mit ihren Töchtern. Sie sehen in ihnen sich selbst und wollen daher auch, dass sie ausnahmslos nach ihren Wünschen und Vorstellungen handelt. Alles, was davon abweicht, wird abgewertet oder nicht anerkannt.

In einer Beziehung zwischen einer narzisstischen Mutter und ihrem Kind dreht sich alles um die Mutter – und wenn nicht, dann sorgt sie mit allen Mitteln dafür. Dem Kind bleibt meist nur die Aufgabe, den äußeren Schein der Mutter zu wahren. Schlechte Schulnoten werden beispielsweise als eine Art persönliche Beleidigung wahrgenommen, für die man sich als Mutter stellvertretend schämen muss. In Mutter-Tochter-Beziehungen kann es sogar passieren, dass die Tochter in den Augen der Mutter zur Konkurrenz wird und Missgunst sowie Neid hervorruft. Das ist natürlich alles andere als eine gesunde Selbstliebe und extrem schädigend für die eigenen Kinder.

Die Maskierung von Unsicherheit

Eine narzisstische Persönlichkeitsstörung lässt sich auch daran erkennen, dass du vor Entscheidungen stets die Absicherung deines Umfelds brauchst. Niemals würdest du auf die Idee kommen, einfach etwas zu machen, was das Bild von dir in den Köpfen der anderen negativ verändern könnte. Auf andere wirkst du häufig selbstbewusst und bekommst genau das auch oft genug zu hören. Innerlich bist du hingegen total unsicher und unzufrieden mit dir selbst – vor allem mit deinem Äußeren. Ständig fallen dir irgendwelche neuen Fehler und Makel an dir auf. Diese Unsicherheit versuchst du durch ein extremes Selbstbewusstsein nach außen zu überspielen. Das ist auf Dauer unglaublich anstrengend, da du quasi nie du selbst sein kannst und immer das Gefühl hast, einen Schein aufrechterhalten zu müssen, um von den anderen gemocht zu werden.

Therapiemöglichkeiten

Kommt dir eines der obigen Verhaltensmuster bekannt vor? Dann ist es höchste Zeit zu handeln. Die gute Nachricht ist: Wie fast jede andere psychische Störung kann auch Narzissmus behandelt werden. Das größte Problem ist jedoch häufig, dass Betroffene gar nicht erkennen, dass sie etwas ändern müssen oder sogar Hilfe benötigen. Nach ihrer Meinung ist schließlich nichts Falsches in dem eigenen Verhalten. Sie sehen ihre Selbstverliebtheit als völlig normal an und empfinden diese auch nicht als ein störendes Problem. Wenn sich ein Narzisst dann doch mal in eine Therapie begibt, dann häufig aus anderen Gründen, die Begleiterscheinungen des eigentlichen Narzissmus sind. Probleme in der Partnerschaft, Depressionen oder Suchterkrankungen sind auf dieser Liste ganz vorne mit dabei. Im Laufe der Therapie stellt sich dann häufig erst heraus, dass die eigentliche Ursache für den Besuch nicht die Depression oder die Suchterkrankung, sondern eine narzisstische Persönlichkeitsstörung ist. Wird diese erfolgreich behandelt, schwinden oft auch die Begleiterscheinungen gleichermaßen mit.

Bei ersten narzisstischen Tendenzen muss übrigens nicht unbedingt sofort ein Therapeut aufgesucht werden. Häufig hilft es schon, wenn man bewusst auf die eigenen Verhaltensweisen achtet, um eventuell aufkommenden Narzissmus direkt im Keim zu ersticken. Schafft man es gleichzeitig, eine gesunde Selbstliebe zu entwickeln, verschwindet der Narzissmus häufig von ganz alleine. Wer auf sein Wohlbefinden und seine Gesundheit achtet, tut sich nicht nur selbst etwas Gutes, sondern ebnet auch den Weg für eine gesunde Selbstliebe.

KAPITEL 4

Selbstreflexion: dein Weg zu dir

Jetzt, wo du alle nötigen Hintergrundinformationen kennst, ist es an der Zeit, die ersten Schritte Richtung innerer Zufriedenheit zu gehen. Ein wichtiger Oberbegriff dabei: Selbstreflexion. Doch was bedeutet es eigentlich, sich selbst zu reflektieren und wie geht man dabei am besten vor? In erster Linie dient Selbstreflexion dazu, sich selbst richtig kennenzulernen. Oft glauben wir zu wissen, wer wir sind. Man sollte schließlich auch meinen, wir kennen uns selbst am allerbesten. Doch viel zu selten gehen wir tief in unsere Psyche und versuchen zu beobachten, zu analysieren und eben zu reflektieren. Wir geben uns mit der oberflächlichen Version zufrieden, die wir als unser »Selbst« bezeichnen, ohne uns dabei hinter die eigene Fassade zu blicken.

Wenn du jedoch etwas tiefer in dich gehst und aktiv mit dir selbst arbeitest, wirst du verstehen, aus welchen Gründen du bestimmte Verhaltensmuster oder Denkweisen an den Tag legst. Du wirst Situationen, die dir bisher Angst gemacht haben, nüchterner betrachten können und dir selbst dir

Frage stellen, was genau dich eigentlich gerade beunruhigt. Kurz gesagt hilft dir Selbstreflexion, deine Probleme besser zu verstehen. Du lernst, was dir guttut und was nicht, was deine Ziele sind und wie du diese umsetzen kannst. Und ganz nebenbei wirst du auch noch unabhängiger, denn Selbstreflexion hat weder etwas mit deiner besten Freundin oder deinem Partner noch mit deinen Eltern oder deinen Kindern zu tun – sondern nur mit dir selbst.

Deine Persönlichkeit

Als Erstes solltest du dir darüber bewusst werden, wer du überhaupt bist. Durch diesen Schritt baust du dir die Grundlage für deinen weiteren Weg auf. Das herauszufinden ist gar nicht so schwierig, wenn du erst einmal weißt, wo du anfangen sollst. Wer bist du also? Was sind deine Stärken, was sind deine Schwächen? Welche Charaktereigenschaften von dir sind besonders auffällig, – egal ob im positiven oder negativen Sinne? Bist du eher introvertiert und genießt die Zeit für dich oder tankst du Energie, indem du dich mit anderen Menschen umgibst und bist demnach extrovertiert? Gibt es Dinge an dir, an denen du arbeiten möchtest oder willst du bestimmte Verhaltensweisen vielleicht sogar gerne von Grund auf ändern? Was hat sich verändert, seit du Mama geworden bist? Damit du all diese Fragen möglichst ohne Bewertung und ganz neutral beantworten kannst, solltest du dabei am besten in der dritten Person von dir sprechen. So, als würdest du eine Geschichte erzählen. Dadurch schaffst du dir gedanklich einen kleinen Abstand und bist nicht mehr ganz so überkritisch, als wenn du alles in der Ich-Perspektive zusammentragen würdest. Sollte dir der Einstieg dennoch schwerfallen, darfst du auch gerne erst mal damit beginnen, grobe Eckdaten wie dein Alter, deine Herkunft oder deinen Namen zu nennen. Das sind zunächst offensichtliche, unsensible Themen, die dir dabei helfen, dich ganz sanft an die tieferen Ebenen vorzutasten. Sobald du dich etwas sicherer fühlst, kannst du dich an die tiefer gehenden Themen wagen. Dafür habe ich dir einige etwas spezifischere Fragen zur Unterstützung aufgeschrieben, die dir den Weg zu dir erleichtern sollen. Das Problem ist oft nämlich nicht die reine Beantwortung an sich, – auch wenn es durchaus zum Nachdenken und Hinterfragen anregt, – sondern die Suche nach dem, was man sich überhaupt fragen soll.

Wer bist du?

- ♥ Was war bisher dein größter Erfolg und wie bist du so weit gekommen?
- ♥ Was lernst du besonders schnell und wofür brauchst du länger?
- ♥ Was war früher dein Traumberuf? Hast du immer noch Interesse daran und was ist es, was dich daran reizt/gereizt hat?

- Was bereust du in deinem Leben und was würdest du heute anders machen?
- Gibt es Situationen, die dich schnell reizen? Warum tun sie das?
- Wie sieht deine Version eines guten Lebens aus?
- Ist dir die Meinung anderer Menschen wichtig? Wenn ja, warum?
- Was willst Du in Deinem Leben unbedingt noch machen oder sehen?
- Was möchtest du an deine Kinder weitergeben?
- Was würdest du tun, wenn dir alle Türen offen stehen würden?
- Wofür beneidest du andere Menschen?
- Bist du ein Kopf- oder ein Bauchmensch?
- Wie sehr kannst du deiner Intuition vertrauen?
- Was macht dich glücklich, wenn es dir schlecht geht?
- Wenn du die Welt verändern könntest, – was würdest du als Erstes umsetzen?
- Welche Werte sind dir bei anderen Menschen besonders wichtig?
- Wofür kannst du dich begeistern?
- Was würde dir in deinem Leben fehlen, wenn es nicht mehr da wäre?
- Welche Bücher hast du gelesen und was hast du aus ihnen mitgenommen?
- Gibt es jemandem, mit dem du für einen Tag gerne die Rollen tauschen würdest? Wenn ja, mit wem und wieso?
- Was lässt dich, zumindest für Augenblicke, den Ernst des Lebens komplett vergessen?

- Was würdest du tun, wenn du nur noch einen Tag zu leben hättest?

Keine Frage, mit der Mutterschaft beginnt für jede Frau ein ganz neuer Lebensabschnitt und passend dazu ändert sich irgendwie auch die Persönlichkeit. Das ist nicht immer einfach. Vor allem dann nicht, wenn du dein altes Ich eigentlich mochtest und dich nun mehr oder weniger freiwillig an die neue Situation anpassen musst. Du steckst irgendwo zwischen altem und neuem Ich, bist aber noch nicht so richtig angekommen. Genau auf diesem Weg entwickelt sich nun auch deine Persönlichkeit weiter und du hast die Chance, aktiv daran mitzuwirken. Dafür musst du dich nur selbst gut genug unter die Lupe nehmen und richtig kennenlernen.

Die Beantwortung der Fragen ist sehr persönlich und nimmt einige Zeit in Anspruch. Dein ganzer Fokus sollte unbedingt nur auf die Fragen gerichtet sein, wenn du wirklich mehr über dich erfahren möchtest. Schnapp dir also einen Tee oder Kaffee, setzte dich gemütlich auf die Couch und widme dich – am besten an einem ruhigen Tag – einfach mal nur dir selbst. Am besten schreibst du dir deine Antworten auf die Fragen direkt auf, um noch mehr Klarheit zu schaffen und auch zu einem späteren Zeitpunkt noch mal darauf zurückgreifen zu können. Natürlich darfst du dir auch gerne noch weitere Fragen stellen, meine Beispiele sind lediglich dazu gedacht, dir einen guten und reibungslosen Einstieg zu ermöglichen.

Dein Bild von dir

Durch die Beantwortung der Fragen hast du dir nun ein Bild von dir selbst aufgebaut. So wie bei einer genauen Charakterbeschreibung in einem Roman hast du jetzt auch eine detaillierte Beschreibung von dir selbst. Alle Eigenschaften, die du mit deiner eigenen Persönlichkeit verbindest, stehen jetzt nebeneinander auf einem Blatt Papier. Dabei wird dir auffallen, dass dir nicht zwangsläufig alle Punkte auf dieser Liste gefallen. Möglicherweise fallen dir auch sofort Personen ein, die deiner Meinung nach genau die Eigenschaften erfüllen, die du dir für dich wünschst. Du ärgerst dich beispielsweise darüber, dass du nicht besonders durchsetzungsfähig bist, und denkst dabei im selben Moment an eine Freundin von dir, die ihre Meinung immer selbstsicher vertritt. Dieser Freundin ist vermutlich gar nicht wirklich bewusst, dass sie so eine herausragende Durchsetzungs- und Überzeugungskraft hat, da sie es selbst als normal ansieht. Genau wie die Freundin, die ihr verstecktes Talent nicht zu erkennen oder gar wertzuschätzen scheint, gibt es auch an dir beeindruckende Eigenschaften, die du einfach als selbstverständlich hinnimmst. Auf andere Menschen wirken genau diese Eigenschaften allerdings ziemlich imponierend.

Mit ziemlicher Sicherheit hast du also ein ganz anderes Bild von dir, als es andere Menschen haben – und die meisten anderen Menschen schätzen sich selbst auch völlig anders ein, als du es tun würdest.

Als kleines Experiment könntest du deine Fragen aus dem vorangegangenen Unterkapitel noch mal von anderen Leuten für dich beantworten lassen. Du wirst schnell sehen, dass jeder Mensch sein ganz eigenes, persönliches Bild von dir hat, welches sich in manchen Punkten sogar stark von deiner eigenen Einschätzung unterscheiden wird. Das ist aber gar nicht weiter schlimm und vor allem auch komplett normal so. Jede Meinung, jedes Selbst- und Fremdbild, jede Wahrnehmung von sich selbst und anderen Personen beruht nämlich auf eigenen Erfahrungen. Somit basiert weder das Selbst- noch das Fremdbild ausschließlich auf Tatsachen. Beides ist völlig subjektiv und beides ist bis zu einem gewissen Grad stets ungenau. Schließlich kann niemand allgemeingültig und genau definieren, wer wir sind. Wir bewerten uns selbst und andere nicht objektiv, sondern auf einer Gefühlsgrundlage, die jeder individuell anders wahrnimmt.

Ein Gedanke, den ich ebenfalls ziemlich interessant finde und der mich ein wenig zum Nachdenken gebracht hat, ist Folgender: In jedem Kopf existiert eine andere Version von dir und keine davon bist wirklich zu einhundert Prozent du. So bist du für die ältere Dame, der du die Tür aufgehalten hast, eine nette, hilfsbereite Frau, während du auf die Kassiererin im Supermarkt eher einen etwas gestressten Eindruck machst. Diese unterschiedlichen Wahrnehmungen spiegeln sich sogar auch in deinem engsten Umfeld wider. Deine Kinder kennen dich als Mama, manchmal als Stimmungsmacher, manchmal als Spaßbremse. Dein Partner wird ein ganz anderes Bild von dir in seinem Kopf haben – und zwar das als liebende Frau und Lebensgefährtin. Das Bild deiner Mutter oder deiner Freunde ist auch noch mal ein anderes. Man zeigt den Leuten schließlich am liebsten nur die Seiten von sich, die man ihnen auch zeigen möchte. Aus dem Grund ist es auch so schwer, andere Menschen korrekt einzuschätzen. Du hast immer nur einen gewissen Teil von ihnen kennengelernt und bildest dir zusammen mit deinen allgemeinen Erlebnissen daraus dein ganz eigenes Bild von der Person.

Selbst- und Fremdbild wechselwirken miteinander. Das heißt, wenn du von anderen als eine humorvolle und liebenswerte Person wahrgenommen wirst und das auch oft gesagt oder gezeigt bekommst, gleicht sich dein Selbstbild daran an. Andersrum entscheidet dein Selbstbild darüber, wie du dich fühlst und verhältst und das wiederum ändert das Bild, was sich andere von dir machen. Auch wenn die beiden Bilder niemals deckungsgleich sein werden, sollten sie sich dennoch nicht allzu stark voneinander unterscheiden. Dauernd anders gesehen zu werden, als man sich selbst wahrnimmt, könnte sonst nämlich zu einem Problem werden und schlimmstenfalls sogar psychische Belastungen mit sich bringen.

Da wir Menschen in einem ständigen Wandel sind, verändern wir uns auch permanent. So ändert sich auch regelmäßig das Bild, das wir von uns haben, ohne dass wir groß etwas davon merken. Wie du dich selbst siehst, hängt zu einem großen Teil nämlich auch davon ab, wie du dich gerne sehen würdest und wer du gerne sein möchtest. Vielleicht wärst du gerne diese motivierte Person, die es morgens schon schafft, ins Fitnessstudio zu gehen und abends schon das Mittagessen für den nächsten Tag vorzubereiten. Vielleicht wärst du aber auch gerne die organisierte Karrierefrau, die es problemlos schafft, den Familienalltag und die Arbeit unter einen Hut zu bekommen. Eventuell gibt es sogar Personen oder Vorbilder, an denen du dich orientierst.

Doch auch wenn du dieses schöne Wunschbild von dir vor Augen hast, siehst du dich nicht auch automatisch so. Du versuchst zwar, dich dementsprechend zu verhalten, scheiterst aber immer wieder, wenn sich deine gemeine innere Stimme bei dir meldet. Diese versucht dir nämlich einzureden, dass es das Idealbild von dir gar nicht gibt, ganz egal, wie sehr du dich auch bemühst. Dein Selbstbild beginnt zu bröseln und du bist frustriert darüber, dass du wohl niemals genau die sein wirst, die du gerne wärst.

Besonders deprimierend ist, dass dein innerer Kritiker dich in der Regel nur auf die negativen Dinge aufmerksam macht. Lob für eine Leistung gibt es nicht oder nur sehr selten. Selbst wenn du etwas erfolgreich erledigt hast, ist dein Inneres nur kurz zufrieden, bis es sich mit der nächsten »Baustelle« bei dir meldet. Deine Aufmerksamkeit wird also immer wieder auf die Sachen gelenkt, die gerade nicht so gut laufen, anstatt einfach glücklich über die gelungenen Dinge zu sein. Natürlich findest du zu den besagten Baustellen auch immer sofort geeignete Vergleichspersonen, die dir zeigen, dass es durchaus möglich ist, diese Ziele zu erreichen, auch wenn du es offenbar gerade nicht schaffst. So verändert sich dein Selbstbild aufgrund deiner hohen Idealbilder also immer mehr zum Negativen. Dabei würden dich die Menschen, die dir als Vorbild dienen, bestimmt auch um einige deiner Eigenschaften beneiden – niemand ist schließlich vollkommen.

Doch versteh mich jetzt bitte nicht falsch: Wir brauchen nämlich unbedingt ein Idealbild von uns, um die nötige Motivation und Energie zu schöpfen, die beste Version unserer selbst zu werden. Etwas, an dem wir uns orientieren können und uns ein Bild vor Augen führt. In diesem Zusammenhang müssen wir aber eben auch wissen, wie wir mit diesem Idealbild umgehen sollten und wie nicht.

Deine Werte

Jeder Mensch auf dieser Welt orientiert sich an seinen ganz eigenen Werten und Glaubenssätzen – auch du. Diese Werte und Wertvorstellungen geben dir in schwierigen Zeiten Energie, Kraft und vor allem auch eine Orientierung. Sie machen dich als Person auf gewisse Weise aus. Wenn dir der Begriff

»Werte« nicht ganz so geläufig ist, kannst du diesen auch einfach mit Moral übersetzen. Worauf kommt es dir im Leben an und was ist dir wichtig? Was ist für dich zweitrangig und was verachtest du sogar? Meist schlummern deine Werte in dir, ohne dass du dir jemals wirklich Gedanken darüber gemacht hast. Du handelst gewissermaßen unbewusst nach den Wertvorstellungen, die sich im Laufe deines Lebens in deinem Kopf eingeprägt haben. Genau so handeln nahezu alle Menschen.

Du kannst dir dementsprechend also einen fast schon unfairen Vorteil verschaffen, wenn du dir aktiv deiner Wertvorstellungen bewusst wirst. Je mehr du dir darüber bewusst bist, was dir wichtig ist und was nicht, desto weniger können dich andere durch ihre jeweiligen Ansichten, Werte oder Meinungen beeinflussen bzw. lenken. Du schaffst es, deinem eigenen Gefühl blind zu vertrauen und deinen Werten treu zu bleiben. Eine ausgeprägte Moral bietet eine starke Orientierung und erlaubt es dir, dich weniger oft schuldig zu fühlen, wenn deine Wertvorstellungen von denen anderer abweichen oder du dich nicht entsprechend den Werten von anderen Leuten verhältst. Außerdem bietet es die Grundlage, um dir eigene Ziele zu setzen, die dir auch wirklich entsprechen. Nur weil deine Eltern vielleicht begnadete Bankleute sind oder einige deiner Freunde Sport als ihre oberste Priorität ansehen, heißt das schließlich nicht, dass dich diese Tätigkeiten auch erfüllen würden. Es sind schließlich die Werte anderer Personen und nicht deine eigenen. Wirklich glücklich wirst du nur dann, wenn du dir Ziele setzt, die deinen eigenen Wertvorstellungen entsprechen. Du bist dann nicht nur mit viel mehr Begeisterung bei der Sache, sondern siehst auch einen größeren Sinn hinter deinem Ziel. Je mehr unser Leben im Einklang mit unseren persönlichen Werten ist, desto zufriedener sind wir.

Doch auch wenn sich unsere Werte über eine Zeit in unseren Köpfen verankern, verändern sie sich mit der Zeit genauso, wie wir es auch tun. Schließlich sammeln wir stetig neue Erfahrungen, aus denen wir lernen. Nicht selten stellt sich im Laufe der Zeit heraus, dass uns die früheren Werte heute keine Orientierung mehr bieten oder wir uns inzwischen nicht mehr zu 100 % mit ihnen identifizieren können. Was du beispielsweise in deiner Jugend als wichtig oder unwichtig erachtet hast, wird sich mit Sicherheit stark von deinen jetzigen Wertvorstellungen unterscheiden.

Als Jugendliche fand ich es zum Beispiel extrem wichtig, immer unterwegs zu sein, perfekt gestylt zu sein und irgendwie überall dazuzugehören. Dem ganzen Thema »Familie« habe ich, wie viele pubertierende Teenager, zu dem Zeitpunkt hingegen eher wenig Beachtung geschenkt und als gegeben hingenommen. Bei meinen damaligen Freunden war mir – so sehr ich mich heute auch dafür ohrfeigen könnte, – das Aussehen und der soziale Status wichtiger als ein toller Charakter. Man könnte also sagen, meine Werte haben sich um mehr als 180 Grad verändert. Familie steht ganz vorne. Ich liebe es, meine freien Stunden mit meinen Kindern oder Eltern zu verbringen und genieße die gemeinsame Zeit mit allen. Bei der Partnerwahl habe ich irgendwann gelernt, dass Aussehen nicht alles ist und ein toller Charakter viel mehr wert ist. Mich in Skinny-Jeans zu zwängen, nur weil es gerade modern ist? Pah, nicht mit mir. Anstatt meine Freizeit mit möglichst vielen Menschen zu verbringen und überall dabei zu sein, schätze ich heute meinen engen Freundes- /Familienkreis und genieße auch gerne die Zeit für mich alleine.

Genauso wie sich die Wertvorstellungen in den letzten Jahren verändert haben können, kann es gut sein, dass sich auch deine aktuellen Werte innerhalb der nächsten Jahre wieder ändern. Vielleicht schaust du auch irgendwann auf diese zurück, so wie ich auf meine Jugend, und denkst dir: Was zum Geier hat mich denn da geritten?

Deine Werte herausfinden

Um deine eigenen Wertvorstellungen zu ermitteln und zu definieren, solltest du dir nun die Zeit nehmen und aufzuschreiben, welche Werte dich deiner Meinung nach ausmachen. Damit meine ich nicht, dass du jetzt einfach nur notierst, was sich toll anhört, sondern die Werte, die du auch wirklich vertrittst. Am Ende dieses Buches findest du eine sogenannte

Werte-Liste. Diese gibt dir einen guten Überblick, wie solche Werte überhaupt aussehen können. Du wirst sehen, dass es eine Menge Werte gibt, an die du spontan vielleicht gar nicht gedacht hättest. Von dieser Liste an Wörtern, Werten und Moralvorstellungen suchst du dir nun 10 aus. Das muss nicht heißen, dass du die anderen Werte nicht vertrittst. Suche dir einfach die 10 heraus, die deines Erachtens am besten auf dich zutreffen. Im Übrigen kannst du natürlich auch gerne Werte hinzufügen, wenn dir auf der Liste etwas fehlen sollte. Die Liste dient lediglich als Orientierungshilfe und erhebt keinen Anspruch auf Vollständigkeit.

Sobald du deine 10 Werte gefunden hast, solltest du versuchen, daraus eine Art Reihenfolge zu erstellen. Welcher Wert ist dir am wichtigsten und welcher kommt an zweiter, dritter, ... Stelle? Das funktioniert am besten, wenn du zunächst eine grobe Einschätzung triffst und dann jeden Wert einzeln mit den anderen abgleichst. Du vergleichst also jeden Wert nacheinander mit jedem anderen der 9 Werte. Dementsprechend dürften sich also immer zwei Werte gegenüberstehen. Da du nur mit deinen Top 10 arbeitest, wird dir die Entscheidung manchmal vermutlich ziemlich schwerfallen. Bei jeder Stichwahl sollte es aber einen Gewinner geben, den du entsprechend mit einem Strich markieren kannst. Sobald du durch bist, brauchst du dann deine Werte nur noch anhand der jeweiligen Anzahl an Strichen ordnen und fertig ist deine Top 10 Rangliste.

Nachdem du jetzt deine persönlichen Top 10 gefunden hast, gehen wir noch einen Schritt weiter. Streiche dafür die letzten fünf Werte, die bei dir die wenigsten Striche gesammelt haben. Das heißt nicht, dass du dich damit gegen diese Werte entscheidest, sondern nur, dass du die oberen fünf Werte noch stärker vertrittst. Du hast jetzt deine ganz eigene Top 5 an Werten – keine Sorge, diese Zahl kürzen wir nicht noch mal. Du kannst deine Werte natürlich jederzeit gerne abändern, wenn dir auffällt, dass du vielleicht doch lieber einen anderen Wert an einer der oberen Position hättest. Sobald sich beim Anblick auf deine kleine Liste alles gut und richtig anfühlt, hast du deine innersten Werte gefunden.

Anhand dieser Werte kannst du dich nun orientieren. Du kannst sie dir bei wichtigen Entscheidungen wieder vor Augen rufen und festlegen, welche Entscheidung im Einklang mit deinen Werten steht. Du kannst dir Ziele setzen, die für dich wirklich erreichbar sind und die du vor allem auch wirklich erreichen möchtest. Sobald dein Leben erst mal mit deinem Leben harmonisiert, wirst du auch feststellen, dass dir alles viel leichter fällt.

Deine Ziele

Anhand deiner ausführlichen Selbstanalyse kannst du nun ebenfalls deine eigenen Ziele definieren und diese zudem auch tiefer verstehen. Wer kennt es nicht: Man setzt sich mal wieder irgendein Ziel, was sich im ersten Moment ganz erstrebenswert anhört oder vielleicht schon Freunde, Familie oder Bekannte mit vollem Eifer verfolgen wird. Wenn wir dann aber selber nicht zu 100 % hinter diesem Ziel stehen, wird einem früher oder später die Lust und Motivation vergehen. Am Anfang mag alles noch ganz toll aussehen und gut klappen, aber spätestens, wenn die erste Euphorie abgeflacht ist, rückt auch das Erreichen des Ziels in immer weitere Ferne. Schließlich müssen wir ja wirklich etwas dafür tun, um das Ziel auch zu erreichen! Ohne das nötige Herzblut bei der Sache wird uns genau diese Unbequemlichkeit dann schnell zum Verhängnis und wir geben unverrichteter Dinge auf.

Wie du dir Ziele setzt, die du wirklich erreichen kannst und dabei gleichzeitig auch noch Spaß machen, erfährst du jetzt.

Warum sind Ziele wichtig?

Ziele setzen wir uns nicht einfach so. Wir wollen auf irgendetwas Bestimmtes hinaus, etwas erreichen, unser Leben dadurch vielleicht sogar in gewisser Hinsicht positiver gestalten. Ziele geben unserem Leben eine Richtung, an der wir uns orientieren und auf die wir hinarbeiten können. Wir alle brauchen eine grobe Richtung und Ziele geben uns genau diese. Sie holen uns morgens aus dem Bett, wenn wir eigentlich noch liegen bleiben möchten, fordern uns zu Bestleistungen heraus und zeigen uns, dass es sich lohnt, auch mal über die eigenen Grenzen hinauszugehen.

Durch das Erreichen eines Ziels erfährst du im besten Fall auch Glücksgefühle, die dich für deine Anstrengungen belohnen. Du hast etwas erreicht, worauf du stolz sein kannst: ein Plus für dein Selbstwertgefühl.

Die eigenen Ziele finden

Wie findest du nun also deine eigenen Ziele? Wichtig ist, dass deine persönlichen Ziele auch wirklich deinen zuvor herausgefundenen Wertvorstellungen entsprechen. Nicht denen deiner Familie, deiner Freunde oder deiner Kollegen. Nur so wirst du auch noch nach einer längeren Zeit genug Motivation finden, auf dein Ziel hinzuarbeiten und nicht gleich bei der ersten kleineren Herausforderung das Handtuch zu schmeißen.

Es kann durchaus sein, dass sich die Ziele deiner Freunde oder deiner Familie äußerst erstrebenswert anhören, solange sie allerdings nicht zu deinen Werten passen, wirst du sie nur schwer erreichen. Das liegt daran, dass dir die sogenannte intrinsische Motivation dafür fehlen würde. Diese treibt dich von innen heraus an, – auch wenn es mal schwierig wird, – weil du das größere Gesamtbild hinter deinem Ziel siehst und nicht nur das isolierte Ziel für sich.

Was machst du also gerne und was nicht? Es bringt nichts, dir vorzunehmen, jeden Morgen eine Runde joggen zu gehen, weil einige deiner Freunde das gerne tun, wenn du joggen eigentlich hasst. Genauso wenig bringt es dir etwas, einen hoch bezahlten Job anzustreben, wenn bei dir die Freizeit eher im Vordergrund steht. Stelle dir deshalb folgende Frage: Wie würde mein perfekter Tag aussehen? Dabei darfst du gerne alles in Erwägung ziehen, was dir einfällt, – es muss nicht zwingend realistisch sein. Sobald du deinen perfekten Tag vor dir siehst, filterst du die Dinge daran heraus, die für dich wirklich erstrebenswert sind. Alles, was zwar ganz nett wäre, aber nicht unbedingt nötig ist, streichst du weg. Übrig bleiben jetzt noch einige von deinen ganz persönlichen Zielen. Diese darfst du nun gerne noch um weitere Ziele ergänzen, die dir in den Kopf kommen. Sobald deine Liste fertig ist, kannst du diese Sammlung an Zielen in verschiedene, für dich sinnvoll erscheinende Kategorien unterteilen. Diese Kategorien könnten beispielsweise private Ziele, berufliche Ziele, materielle Ziele und soziale Ziele sein.

Abschließend solltest du deine Ziele noch mal genau hinterfragen. Wieso willst du das erreichen? Ist es wirklich ein persönliches Herzensziel von dir oder eines, was dir unbewusst von der Gesellschaft auferlegt wurde? Was würde sich positiv verändern, wenn du dein Ziel erreichst? Löst der Gedanke an die Erreichung des Ziels ein Glücksgefühl in dir aus? Bei diesem Hinterfragen mistest du ganz nebenbei deine

Ziele aus. Das hilft dir anschließend dabei, diese zu priorisieren. Suche dir für den Anfang drei Ziele, auf die du hinarbeiten möchtest. Nicht mehr, damit du den Fokus nicht verlierst. Diese drei Ziele solltest du dir am besten sofort aufschreiben, sodass du sie dir immer wieder vor Augen führen kannst.

Ziele erreichen leicht gemacht

Nachdem du dich für deine drei Ziele entschieden hast, müssen diese jetzt nur noch erreicht werden. Das ist aber glücklicherweise gar nicht mehr so schwer, da du dir schließlich nur Ziele gesetzt hast, die genau deinen Werten entsprechen. Auf dem Weg dorthin solltest du jedes deiner Ziele zunächst so detailliert wie möglich beschreiben. Wie soll dein Leben sich durch das Ziel verändern? Welche positiven Nebeneffekte begleiten das Ziel? Wie kannst du das Ziel erreichen? Nimm dir insbesondere für die letzte Frage ausreichend Zeit, um detailliert ausarbeiten, wie sich deine Ziele in die Tat umsetzten lassen. Stelle dir dafür vor deinem geistigen Auge vor, was du erreichen möchtest und wie du dieses schaffen kannst.

So klischeehaft es auch klingen mag: Positives Denken kann Berge versetzen. Mach dir deshalb besonders an schwachen Tagen immer wieder klar, dass du dein Ziel erreichen kannst und achte dabei darauf, dass es sich glaubwürdig anfühlt und stets ein positives Gefühl mitschwingt. Solche inneren Monologe geben dir einen Motivationskick und helfen dir unbewusst, immer mehr an dich und deine eigenen Stärken zu glauben – alleine schon, weil du dir das jeden Tag einredest. Ebenfalls hilfreich ist es, wenn du deine Ziele irgendwo aufhängst und visualisiert. Wer beispielsweise auf einen schönen Familienurlaub hinarbeitet, sollte sich ein Bild von dem Traumziel ausdrucken und gut sichtbar in der Wohnung aufhängen. Dadurch kann das Ziel nicht so leicht in Vergessenheit geraten und ist täglich präsent. Der Urlaub war natürlich nur ein Beispiel, aber du findest zu jedem Ziel passende Bilder, die dich immer wieder daran erinnern und motivieren, dran zu bleiben.

Beim Erreichen der eigenen Ziele gibt es allerdings auch einen beliebten Anfängerfehler, den du unbedingt vermeiden solltest: Das »in die Zukunft verschieben«. Genau wie Neujahrsvorsätze, die meist nicht sehr lange eingehalten werden, bringt es auch bei Zielen nichts, auf ein bestimmtes Startdatum zu warten. Du wirst nächste Woche nicht auf einmal mehr Motivation aufbringen als genau jetzt in diesem Moment. Um deinen Zielen schnell ein Stückchen näherzukommen, solltest du deshalb sofort anfangen und nichts auf die lange Bank schieben.

Bei den Zielen, die sich vielleicht über mehrere Jahre ziehen können, ist es sinnvoll, diese in kleinere Häppchen aufzuteilen. Dadurch erscheint dir das Ziel nicht wie eine unrealistische Mammutaufgabe, mit der du am liebsten gar nicht anfangen würdest.

Positiver Nebeneffekt ist, dass sich bei Erreichen der kleinen Teilschritte immer wieder ein Erfolgserlebnis einstellen wird, welches dir wieder die nötige Motivationsspritze verpasst, um weiter zu machen. Aber auch wenn du mal einen schlechten Tag oder gar eine schlechte Zeit hast, ist das noch lange kein Grund, gleich aufzugeben. Es ist leichter, wenn du dir bereits von Anfang an eingestehst, dass du auf deinem Weg auch Misserfolge erleben wirst. Rückschläge gehören nämlich einfach dazu. Wichtig ist, dass du daraus lernst und dein Ziel anschließend noch fokussierter und zielgerichteter verfolgst. Versuche, deine Misserfolge also als eine Chance zu sehen, anstatt deshalb frustriert den Kopf hängenzulassen.

So eine negative Phase kommt übrigens oft auch dann, wenn im Verlaufe eines Ziels für längere Zeit nichts wirklich Neues mehr passiert. Das Hinarbeiten auf das Ziel ist zur Routine geworden und manchmal vergisst man sogar, wofür man sich gerade überhaupt abmüht. In solchen Momenten solltest du versuchen, dir dein Ziel noch mal genauso deutlich vor Augen zu führen wie ganz am Anfang. Dort hast du schließlich auch die Energie und Motivation getankt, um überhaupt damit loszulegen. Deine alten Notizen können dir ebenfalls helfen, deinen verloren gegangenen Fokus wiederzufinden. Lese dir einfach noch mal alles in Ruhe durch und mache dir erneut klar, warum du dieses Ziel überhaupt verfolgst und wie weit du bereits gekommen bist.

Wie fast überall kommt übrigens auch hier das Beste zum Schluss. Belohne dich dafür, wenn du dein Ziel nach langer Anstrengung endlich erreicht hast! Erlaube dir, stolz auf dich zu sein und tu dir selbst etwas Gutes. Gönne dir etwas, was du dir normalerweise nicht einfach so machen würdest und beschenke dich selbst – DU HAST ES DIR VERDIENT!

KAPITEL 5

Mama sein, Frau bleiben

Wollen wir mal ehrlich sein, natürlich ändert sich vieles mit der Geburt des Kindes – auch dein Selbstwertgefühl. Dein ganzes Leben wird plötzlich auf den Kopf gestellt. Durch den veränderten Tagesablauf und den Körper, der nach einer Geburt häufig nicht mehr derselbe ist, geht oft auch das Gefühl für dich selbst verloren. Du siehst nur noch scheinbare Makel, bist irgendwie allgemein nicht mehr zufrieden und fühlst dich oft einsam. Es erscheint ganz natürlich, dass du dein ganzes Denken und Handeln auf dein Kind ausrichtest. Deine eigenen Bedürfnisse geraten immer mehr in den Hintergrund, du bist nicht mehr du selbst. Dabei schlummert genau diese abenteuerlustige Sportskanone, die selbstbewusste Frau, die leidenschaftliche Partnerin und humorvolle Freundin immer noch in dir. Daran ändert auch deine Rolle als Mama nichts – ganz gleich, ob sich äußere Umstände verändert haben. Du bist jetzt zwar Mama, aber eben nicht nur.

Liebe dich selbst

»Ich bin viel zu chaotisch«, »Mein Bauch ist zu schwabbelig«, »Ich bin eine schlechte Mutter, weil ich häufig so erschöpft und müde bin«. Es gibt viele vermeintliche Gründe, dich selbst zu kritisieren und zu verurteilen. Bestimmt fallen dir auch sofort eine Menge ein, oder? Dass dir heutzutage auch noch jeder einreden möchte, dass du dich selbst immer und überall lieben musst, kann da mitunter schon mal überfordernd wirken. Aber hey, weißt du was? Du musst deine Schwächen, Fehler und Makel nicht bedingungslos lieben. Es ist nur natürlich, dass du manche Dinge an dir weniger toll findest als andere. Entscheidend ist nur, dass du akzeptierst, dass sie ein Teil von dir sind. Und dass du auch mit ihnen okay bist. Hör auf, dich deswegen ständig selbst zu verurteilen und über das aufzuregen, was du alles nicht an dir magst.

Ein starkes Selbst ist der Schlüssel für ein glückliches und zufriedenes Leben. Der Weg dahin ist jedoch nicht einfach. Für ein starkes Selbst braucht es nämlich verschiedene Elemente.

- ♥ **Selbstwertgefühl:** Dich selbst annehmen und wertvoll fühlen, egal ob du etwas erreichst, scheiterst, toll aussiehst, anerkannt wirst oder nicht.
- ♥ **Selbstbewusstsein:** Dir deines Selbst bewusst

zu sein, dich selber zu kennen und zu wissen, wer du bist.

- **Selbstvertrauen:** Die Fähigkeit, sich selbst und in die eigenen Fähigkeiten sowie Gefühle zu vertrauen.
- **Selbstliebe:** Die absolute Akzeptanz und bedingungslose Liebe deiner selbst.

Akzeptiere deinen Körper

Unser Körper verändert sich im Laufe des Lebens. Am gravierendsten aber wohl nach einer Schwangerschaft. Zwar verändert sich der Köper auch im Verlauf der Schwangerschaft schon ganz enorm, doch während der Bauch immer mehr wächst, wird Frau in der Regel mit Komplimenten überhäuft: Dieses Strahlen! Dieser tolle Bauch! Diese schöne Haut! Ist das Kind dann erst mal auf der Welt, wird plötzlich vergessen, dass man genau diesen Körper gerade noch als großes Wunderwerk gepriesen hat. Schon nach einigen Wochen beginnen wir uns einen Kopf zu machen, weil die Schwangerschaftspfunde nicht so schnell verschwinden, wie wir uns das wünschen. Oft fühlen wir uns dabei auch von der Allgemeinheit und den Medien unter Druck gesetzt. Dennoch sind es vor allem wir selber, die Mühe damit haben, unseren After-Schwangerschafts-Körper mit all seinen neuen, kleineren und größeren Makeln anzunehmen. Ich selbst habe die körperlichen Veränderungen nach der Geburt meiner Tochter als sehr belastend empfunden. Nie mehr würde ich so aussehen wie vorher.

Denn mal ehrlich, auch wenn sich der Bauch zurückgebildet hat und die überschüssigen Pfunde wieder verschwunden sind, sieht unser Körper nach einer Schwangerschaft nicht mehr so aus, wie vorher. Dein Bauch ist möglicherweise nicht mehr so flach und deine Haut weniger straff. Deine Brüste hängen vielleicht oder sind schlaffer geworden und eventuell zeugen auch noch einzelne, sichtbare Dehnungsstreifen davon, dass dieser Körper ein Kind ausgetragen hat.

Wunder hin oder her, daran müssen wir uns erst einmal gewöhnen. Gefühlt sind diese Veränderungen schließlich von einem Moment auf den anderen passiert: Eben noch warst du frisch und knackig und nun stehst du mit Schrumpelbauch und schreiendem Baby auf dem Arm vor dem Spiegel und erkennst dich selbst nicht mehr wieder. Das Ankommen in deinem veränderten Körper braucht genauso seine Zeit wie das Ankommen in der Mutterrolle. Und die darfst du dir auch ruhig geben. Sei stolz auf dich, deinen Körper und die Leistung, die gemeinsam vollbracht wird.

Verzeihe dir deine Fehler

Die Basis jeglichen Selbstwertgefühles ist es, dir auch mal Missgeschicke oder Fehler verzeihen zu können. Jeder Mensch macht Fehler, keiner ist rund um die Uhr perfekt. Das ist ganz normal. Wichtig ist nur, dich wegen einzelner oder auch mehrerer Fehltritte nicht unentwegt fertigzumachen oder gar daraus zu schließen, dass du ein schlechter Mensch bist. Fehler gehören zum Leben genauso dazu wie die tägliche Nahrungsaufnahme und das Atmen. Ohne geht es nicht. Deine Freunde würdest du in der gleichen Situation wahrscheinlich auch aufmuntern, wieso hast du dann nicht auch ein paar nette Worte für dich selbst übrig? Halte dir vor Augen, dass Fehler und Misserfolge zwar kurz schmerzhaft sind, aber keinen weiteren negativen Beigeschmack behalten sollten. Sieh sie stattdessen lieber als Chance: Den gleichen Fehler macht man ohnehin nicht oft zweimal.

Ist dir das erst mal bewusst, kannst du dir für Fehler viel leichter verzeihen. Außerdem verschwindet so auch die Angst vor Fehlern und du traust dir mehr zu. Wenn wir lernen, von Fehlern nicht mehr auf den Wert einer Person zu schließen, dann haben wir einen riesengroßen Schritt in Richtung mehr Selbstwertgefühl gemacht.

Sei dankbar für dich

Dankbarkeit ist die beste Medizin gegen schlechte Laune, denn sie macht gesund und glücklich. Dankbarkeit hilft uns, unsere Aufmerksamkeit auf das zu richten, was uns guttut.

Ging es dir nicht auch so, dass du, als du selbst schwanger warst, plötzlich viel mehr Schwangere und Babys um dich herum gesehen hast? Wir richten unsere Aufmerksamkeit nämlich automatisch immer auf das, was uns selber gerade beschäftigt. Je mehr wir uns also unseren »Problemen« widmen, desto mehr Platz nehmen diese auch in unserem Leben ein. Sind wir hingegen bewusst dankbar für alles Positive, geben wir dadurch unseren angenehmen Emotionen Raum.

Notiere dir deshalb einmal alles, wofür du in deinem Leben dankbar bist. Das können materielle Dinge sein, geliebte Menschen, deine Gesundheit oder besondere Erlebnisse in deiner Vergangenheit. Werde dir der Dinge bewusst, für die du in jedem Moment dankbar sein kannst und mache dir das zu einer regelmäßigen Gewohnheit – sie wird dein Leben bereichern. Viele Dinge sehen wir nämlich fälschlicherweise einfach als Selbstverständlichkeit an. Dinge, für die andere Menschen auf dieser Welt unglaublich viel geben würden.

Um dir die Sachen, die dich dankbar stimmen, regelmäßig vor Augen zu führen, kann dir ein sogenanntes Dankbarkeitstagebuch helfen. Besorge dir dafür einfach ein schönes Notizbuch, in das du jeden Tag fünf Dinge notierst, für die du dankbar bist. Du kannst dankbar dafür sein, dass deine Familie gesund ist, dass du endlich mal wieder ausschlafen konntest oder dass dein Kind sich heute ganz alleine die Zähne geputzt hat. Achte nur darauf, dass sich die Dinge, die du notierst, nicht zu oft wiederholen. Solltest du dann doch mal an einem schwachen

Punkt gelangen, kann dir ein Blick in dein Buch helfen, weiterhin das Positive im Leben zu sehen. Dies wird dir den Halt und die Kraft geben, weiter vorwärts zu gehen und Probleme in Angriff zu nehmen.

Pass auf dich auf

Auf sich selbst aufzupassen ist unerlässlich, um sich gut zu fühlen und ein erfülltes Leben zu führen. Auch du hast Gutes im Leben verdient und darfst für dich selbst sorgen. Insbesondere als Mama hat man häufig nur das Wohlergehen des Kindes vor Augen und vernachlässigt dabei seine eigenen Bedürfnisse. Oftmals bemerken wir dann gar nicht, dass wir uns nach Entspannung, Liebe, sportlicher Betätigung oder Zuneigung sehnen. Deshalb ist es umso wichtiger, auf die innere Stimme des Körpers zu hören. Ernähre dich abwechslungsreich und gesund und gönne dir zwischendurch auch mal bewusst Zeit nur für dich – ohne Gedanken daran, was eigentlich noch erledigt werden müsste. Genauso wie du für dein Kind sorgst und immer darauf achtest, dass es alles hat, was es braucht, ist es ebenfalls wichtig, deine eigenen Bedürfnisse nicht zu vergessen, auch wenn das in der Alltagshektik manchmal leichter gesagt als getan ist. Solange dein Stresslevel niedrig bleibt, bist du gelassener und fühlst dich dementsprechend wohler in deiner Haut. Und das ist auch für deine Kinder das Allerbeste.

Niemand ist perfekt

Perfektionismus ist der größte Feind der inneren Zufriedenheit und eines gesunden Selbstbewusstseins. Niemand ist perfekt und wer übertrieben hohe Ansprüche an sich selbst stellt, ist zudem in der Regel nicht besonders glücklich. Insbesondere als Mutter wollen wir am liebsten immer alles richtig machen, schließlich steht niemand so sehr unter Beobachtung wie wir. Die Nachbarin, die Schwiegermutter und mit dem Internet gefühlt die halbe Welt – wirklich jeder scheint es besser zu wissen! Kein Wunder, dass die eigenen Ansprüche da schnell ins unermessliche steigen. Problematisch wird es nur, wenn du dich selbst total fertigmachst, weil du alles perfekt machen möchtest. Du musst nicht perfekt sein! Doch einfach ablegen ist leichter gesagt als getan. Fühlen wir uns doch immer für alles zuständig und hadern viel zu oft mit all dem, was uns nicht gelingt. Aber wir sind eben auch nur Menschen.

Auch ich musste meinen Weg zu mehr Gelassenheit und weniger Perfektionismus erst finden. Mittlerweile habe ich aber gelernt, auch mal »fünfe« gerade sein zu lassen und nicht immer alles geben und unter Kontrolle haben zu müssen. Dadurch ist mein Alltag viel entspannter geworden und für meine Kinder bin und bleibe ich so oder so eine Supermama. Kurzum: Es ist völlig okay, Makel zu haben oder Fehler zu machen. Du wirst trotzdem geliebt, gebraucht und geachtet!

Das einzigartige Ich

Wir leben in einer Welt, in der wir uns ständig vergleichen, in der wir immer besser sein wollen als andere. Das kann die Frau von Gegenüber sein, andere Mütter, Prominente, die wir noch nie zuvor getroffen haben oder sogar unsere engsten Freunde. Dabei ist das Vergleichen total sinnlos und killt zudem das Selbstbewusstsein. Oder um es mit Worten des dänischen Philosophen Søren Kierkegaard zu sagen: »Das Vergleichen ist das Ende des Glücks und der Anfang der Unzufriedenheit«.[4]

Was sind Vergleiche?

Das Vergleichen steckt in uns drin. Es ist also völlig normal, dass wir schauen, was andere machen. Was sie besser oder schlechter machen als wir und was wir an uns selbst verändern können. Das ist auch wichtig, um uns weiterentwickeln zu können. Das fängt schon im Kindesalter an. Denn bereits in jungen Jahren orientieren wir uns an den Verhaltensweisen anderer, um es ihnen entsprechend nachzuahmen. Großer Unterschied ist, dass wir zu diesem Zeitpunkt noch alles von einem neutralen Standpunkt aus betrachten. Ohne jede Wertung und jedes Vergleichen – einfach eine reine Beobachtung. Sobald man aber älter wird, prasseln immer mehr gesellschaftliche Eindrücke auf uns ein. Insbesondere die Werbeindustrie lässt keine Gelegenheit aus, uns eine schrecklich perfekte Welt vorzugaukeln. Kaum schaltet man die Flimmerkiste ein, erscheint auch schon die 90-60-90 Mami auf dem Bildschirm, die neben ihren Verpflichtungen als Mutter, Hausfrau und Arzthelferin nun auch noch ganz nebenbei ihren Uni-Abschluss via Fernlehrgang nachholt. Wenn dann anschließend auch noch die 50-jährige Powerfrau mit ihrer babyglatten Haut in die Kamera lächelt, ist es kein Wunder, dass wir uns dabei schlecht fühlen. Wir werden letztlich regelrecht dazu gedrängt, uns mit diesen Idealen zu vergleichen, was eindeutig negative Auswirkungen auf unser Selbstwertgefühl hat.

Jede Art des Vergleichens ist ein Angriff auf deine Zufriedenheit, da das Vergleichen zeitgleich auch immer einen Wettkampf beginnen lässt. Schließlich wollen wir keine Verlierer sein – nein wir wollen besser, schöner und erfolgreicher sein. Aber wie sollst du dich selbst akzeptieren, wertschätzen und lieben, wenn du dich ständig nur mit anderen vergleichst und versuchst, in jeglicher Hinsicht »perfekt zu sein«? Erschwert wird alles dadurch, dass wir Frauen uns immer gerne mit den scheinbar Besseren vergleichen. Mit den Durchtrainierten, den Supermüttern oder den Karrierefrauen und eben nicht mit der durchschnittlichen Nachbarin. Dabei verlieren wir natürlich jedes Mal gnadenlos, zumal uns ohnehin immer nur die Sachen auffallen, bei denen wir nicht so gut abschneiden. Es ist ein unfairer Wettkampf, der uns weismachen will, dass andere es besser haben, schöner aussehen und ein leichteres Leben genießen, – ohne dass wir wirklich alle Hintergründe kennen. Unsere Vergleiche sind so gut wie niemals fair, sondern zumeist oberflächlich und irrational. Reichtum und Schönheit werden automatisch mit Glück gleichgesetzt. Dabei spielt es dann auch keine Rolle, ob die Person wirklich zufrieden ist oder vielleicht auf anderen Ebenen ihres Lebens Probleme hat.

Durch diese verzerrte Wahrnehmung fallen wir leicht in Gedanken, die unser Selbstwertgefühl und unsere Freude am Leben wie mit einem Hammer niederschlagen. Positives Denken fällt uns hingegen zunehmend schwer, weil wir es kaum noch tun. Wir lassen nur ungern ein gutes Haar an uns. Sprüche wie »Eigenlob stinkt« tragen auch nicht wirklich dazu bei, dass wir uns selbst Erfolge zugestehen oder unsere Leistung anerkennen können. Es kann daher durchaus vorkommen, dass dir deine eigenen positiven Gedanken manchmal geheuchelt vorkommen oder du dich sogar dafür schämst, wenn du dir selbst Anerkennung schenkst. »Fake it till you make it« war immer schon ein Erfolgsprinzip. Irgendwann wird sich auch dein Kopf an ein positiveres Mindset gewöhnen. Dafür musst du deine schönen Gedanken einfach nur zulassen und die negativen so gut es geht aus deinem Kopf verbannen.

Vergleiche sind unmöglich

In meinem Garten sprießt gerade alles. Unter anderem saftig rote Tomaten. Während alle Tomaten des Strauches wohl geformt aussehen, ist eine ziemlich deformiert und doppelt so groß wie die anderen. Ich finde, sie ist die Faszinierendste von allen. Einzigartig und außergewöhnlich. Genauso wie du und ich – mit all unseren Fehlern und Makeln. Jeder von uns ist ein Individuum und einzigartig in seinem Handeln, seinem Aussehen und seinem Denken. Wenn wir versuchen, uns mit anderen zu vergleichen, ist das so, als würden wir Äpfel mit Birnen vergleichen. Es ist schlichtweg unmöglich, einen genauen Vergleich stattfinden zu lassen.

Mache dir deshalb klar, dass du dein Glück bei niemandem außer dir selbst finden wirst. Vergleiche mit anderen sind nicht nur unnötig, sondern auch echte Selbstwert-Killer! Und wenn du doch mal wieder ins Vergleichen mit anderen geraten solltest, dann versuche deine Gedanken auf dich selbst zu lenken und dich mit deinem früheren Selbst zu vergleichen. Was ist dir heute besser gelungen als gestern? Und sei es nur, dass du heute früh den Einkauf erledigt hast, für den du gestern noch zu faul warst.

Feiere dich selbst

Als Mutter stehen wir Frauen selbst häufig nicht mehr im Vordergrund. Egal wie toll der Job war, den du vorher hattest, sobald die Kinder da sind, stehst du selbst oft nicht mehr an erster Stelle. Auch bei dir selbst nicht mehr. Oft wird das, was wir täglich leisten, einfach als selbstverständlich gesehen. Und es ist irgendwie nie genug. Oder wir fühlen uns zumindest, als würde es nie reichen.

Ja, es ist anstrengend, gleichzeitig eine prima Mama, eine liebevolle Partnerin und eine aufmerksame Freundin zu sein. Und dann auch noch nebenbei den Haushalt zu managen! Wir müssen uns selbst auf die Schulter klopfen und unsere Erfolge feiern! Für unser Wohlbefinden ist es so unglaublich wichtig, dass wir uns selbst mal loben. Feiere dich selbst für das, was du bist. Liebe dich und das, was du tust. Steh hinter deinem Wort, hinter deinem Wesen und jeder wird es sehen: Du bist einfach wunderbar.

Selbstwert-Unterdrücker verabschieden

Unser schärfster Kritiker, die Person, die uns keine Erfolge gönnt oder es uns nicht erlaubt, stolz auf uns zu sein – sind meist wir selbst. Niemand hat so einen Einfluss auf unsere Gefühle und unser Denken wie wir höchstpersönlich. Durch Selbstzweifel und negative Gedanken wie zum Beispiel »Das kann ich nicht«, »Ich bin nicht gut genug«, »Ich muss etwas leisten, um Anerkennung zu bekommen«, unterdrücken wir unseren eigenen Selbstwert und lassen diesen gar nicht erst an die Oberfläche kommen. Das positive Gefühl ist uns mittlerweile irgendwie fremd geworden und es fällt uns zunehmend schwerer, dieses zuzulassen. Oft neigen wir sogar dazu, den anderen Menschen den Vorrang vor uns zu geben. Wir schieben eigene Errungenschaften auf andere ab und betonen mehrfach, dass wir ohne sie nicht da wären, wo wir jetzt sind. Doch wann darf man als Mama stolz auf sich sein? Und wie können wir unseren Selbstwert neu entdecken, ohne uns dabei komisch zu fühlen?

Ich finde, erst mal kann und darf überhaupt jede Mama immer stolz auf sich sein! Leider haben wir häufig ein anderes Gefühl, da die gesellschaftliche Anerkennung für uns Mütter immer noch weitestgehend fehlt. Dabei haben wir ein Kind ausgetragen und zur Welt gebracht. Vielleicht sogar mehrere. Wir wechseln Windeln, haben einen siebten Sinn für die Bedürfnisse unseres Kindes, rotieren von morgens bis abends, damit bloß alle zufrieden sind und dennoch bleibt die Anerkennung häufig aus. Gesellschaftlich scheint nur zu zählen, wie viel man verdient und wie schnell man es nach der Geburt wieder zurück in den Beruf schafft. »Arbeitest du noch?« war eine Frage, die man mir oft stellte – auch Frauen. Die Karriere ist bei uns Menschen einfach der Maßstab, an dem Erfolg gemessen wird. Dabei gibt es Erfolg noch auf so vielen anderen Ebenen des Lebens, die sogar noch viel erfüllender sein können. Lass dir von den Normen der Gesellschaft nichts vormachen: Muttersein ist ein anstrengender Job, der mindestens genauso gewürdigt werden sollte wie eine erfolgreiche Karriere. Welcher Beruf ist so vielseitig und fordert so viel Anpassung? Kein einziger. Schließlich sind wir diejenigen, die unzählige verschiedensten Rollen unter einen Hut bekommt müssen, um allen gerecht zu werden – als Frau, Freundin, Partnerin, Mutter, Trösterin, Heilerin, Spielgefährtin, Köchin ...

Als Mama hast du wirklich allen Grund, stolz auf dich zu sein. Auch wenn du eigentlich dazu tendierst, dich mit Selbstvorwürfen zu plagen, wenn du einmal nicht deinen Ansprüchen genügen konntest. Lasse nicht zu, dass dich deine negativen Gedanken verunsichern und zum Zweifeln bringen. Sei dir deines Wertes bewusst. Erlaube dir, stolz auf dich zu sein, wenn du etwas geschafft hast. Auch wenn es in deinen Augen nur kleine Alltagsdinge sind: Ein Erfolg bleibt ein Erfolg. Wenn du dir selbst so was anerkennst, wird auch dein Selbstwert ganz natürlich wieder ein wenig mehr aufblühen.

Wege aus dem falschen Selbstbild

Dein Selbstbild beeinflusst dein Leben in vielerlei Hinsicht. Deshalb ist es so wichtig, dass du dir deiner selbst in positiver Weise bewusst wirst und potenziell negative Bilder aus deinem Leben verbannst. Es mag sein, dass der Weg zum idealen Selbstbild manchmal frustrierend ist, du nicht mehr weiter weißt oder es sogar leichter fändest, einfach alles so zu lassen, wie es aktuell ist. Wichtig ist, dass du dich dadurch nicht von deinem Weg abbringen lässt. Halte durch – es lohnt sich: All das Stolpern, Weitermachen, Zweifeln, Durchhalten, Weitergehen ... einfach alles.

Unser Selbstbild setzt sich aus einer bunten Mischung von eigenen Gefühlen und Erfahrungen, den Worten und Taten anderer Menschen sowie einer Prise Vorstellungsvermögen zusammen. Da wir allerdings weder für die Worte noch für die Taten anderer Menschen verantwortlich sind, können wir auch die Hoffnung auf ein besseres Selbstbild nicht einfach auf andere schieben. Daher ist es absolut wesentlich, dir über dein Fremd- und Selbstbild bewusst zu werden. Ziel ist es, dein eigenes Bild soweit aufzuwerten, bis du mit diesem zufrieden bist. Du sollst von innen heraus so stark werden, dass du auch die Negativität deiner Außenwelt getrost an dir abperlen lässt und sie nicht weiter aufsaugst wie ein Schwamm.

Warum es sich lohnt, am Selbstbild zu arbeiten?

Im Alltag neigen wir leider häufig dazu, uns gedanklich fertigzumachen. Diese negativen Gedanken können neben möglichen psychischen und körperlichen Problemen auch noch ganz andere Schwierigkeiten auslösen. Ein positives Selbstbild hilft uns, zufrieden zu sein und das Beste aus uns herauszuholen.

Quälen wir uns hingegen mit negativen Gedanken, spiegelt sich das auch in unserer Ausstrahlung wider. Deine Mimik und Gestik, die ganze nonverbale Kommunikation vermittelt einen unsicheren und negativen Eindruck. Und weil deine Mitmenschen dir immer brav das widerspiegeln, was du ihnen vorlebst, werden sie sich dir gegenüber genauso verhalten. Das Ergebnis ist, dass du viele negative Dinge erlebst und diese Ablehnung dann als Bestätigung deiner eigenen negativen Gedanken siehst. Dein Bild von dir verschlechtert sich immer weiter und dein Selbstwertgefühl sinkt unaufhörlich. Ein ziemlicher Teufelskreis, der dringend durchbrochen werden sollte. Andernfalls wird es nämlich garantiert nicht besser, sondern einfach nur noch schlimmer. Wie eine negative Gedankenspirale, die sich immer schneller nach unten dreht.

Achte auf deine Gedanken

Ich kann gar nicht oft genug betonen, wie wichtig es ist, positiv über dich selbst zu denken.

Wenn du lernst, dich so zu akzeptieren, wie du bist, wirst du seltener an dir zweifeln und die schwierigen Situationen in deinem Leben motiviert angehen und bewältigen. Es ist nicht einfach, ein positives Selbstbild zu entwickeln und langfristig aufrecht zu erhalten. Absolut wesentlich dafür ist es immer wieder mit liebenswerten, zustimmenden und würdigenden Worten nähren.

Deshalb empfehle ich dir, in der nächsten Zeit bewusst auf deine Gedanken zu achten. Häufig hat sich die Hintergrundstimme schon so tief in unseren Köpfen eingenistet, dass wir sie gar nicht mehr richtig wahrnehmen und jeden Gedanken unterbewusst automatisch auch als grundlegend wahr & richtig abstempeln. Doch nur wenn du einen Gedanken infrage stellst, kannst du ihn durchschauen. Denn auch die Stimme in deinem Kopf kann sich irren und dir eine falsche Wahrheit vorgaukeln. Wenn du deine Gedanken kontrollieren willst, dann beginne deinen Verstand bewusst zu beobachten. Du bist nämlich nicht deine Gedanken und du musst ihnen nicht folgen. Du bist Bewusstsein und dieses besitzt die herausragende Fähigkeit, deine Gedanken zu beobachten und zu kontrollieren. Das sind tolle Neuigkeiten. Das bedeutet nämlich, dass du deinem negativen Denken nicht mehr hilflos ausgeliefert bist, sondern du diese steuern kannst.

Wie vieles im Leben erfordert auch dieses »Umdenken« ein wenig Übung und Geduld. Bevor du nun also versuchst, deine Gedanken zu kontrollieren, solltest du sie zunächst einmal nur beobachten. Das gelingt am besten durch eine Art Meditation. Keine Sorge, du musst dich dafür nicht im Schneidersitz auf den Boden setzen, einen Kreis aus deinem Daumen und dem Zeigefinger formen und »Om« chanten. Diese »Meditation« kannst du sogar während einer ruhigen Minute am Frühstückstisch ausführen. Versuche, an nichts Spezielles zu denken und ein bisschen Raum in deinem Kopf zu schaffen. Für diesen Moment ist es einmal völlig egal, dass du nachher noch einkaufen musst, was alles im Kühlschrank fehlt oder dass der Kleine heute Abend pünktlich abgeholt werden muss. Alle deine Alltagssorgen haben in diesem Augenblick absolut nichts in deinem Kopf zu suchen. Sie dürfen später gerne wiederkommen, aber verbanne sie bis dahin für eine Weile aus deinem Kopf, um Platz für neue Gedanken zu schaffen. Anstatt die aufkommenden Gedanken nun wieder zu bewerten, solltest du sie stattdessen einmal nur beobachten und anschließend wieder sanft von dir schieben. Das gelingt am besten, wenn du dich nicht mit deinen Gedanken identifizierst und dir verdeutlichst, dass du (dein Bewusstsein) gerade lediglich eine Beobachterrolle einnimmst. Mir hat es zumindest immer enorm geholfen, sich diese klare Trennung vor Augen zu führen, um meine Gedanken nicht sofort wieder in die Waagschale zu werfen. Es lohnt wirklich, sich diese Zeit zu nehmen und mal bewusst wahrzunehmen, welche Gedanken sich so in unseren Kopf einschleichen. Nimm jeden dieser Gedanken einfach an, wie er ist und lasse ihn unbewertet. Es sind nur Gedanken und du bist erst frei, wenn du erkennst, dass du nicht deine Gedanken bist.

Durch diese simple Übung dürftest du, wenn du sie regelmäßig wiederholst, ein besseres Gespür dafür bekommen, was dir eigentlich so im Kopf herumgeistert. Es wird dir auch zunehmend einfacher fallen, deine Gedanken kommen und gehen zu lassen, ohne sie zu bewerten. Trotzdem werden sich wahrscheinlich auch immer mal wieder negative und störende Gedanken in den Vordergrund drängen. Ein hilfreicher Schritt ist, diese Art von Gedanken nachfolgend zu hinterfragen. Zu wie viel Prozent vertraust Du dem Gedanken? Glaubst Du, seine Aussage ist wahr? Macht er dich glücklich? Wenn nicht, ist es höchste Zeit, diesen Gedanken aus deinem Kopf zu verbannen und bestenfalls gleich gegen einen Positiven zu ersetzen. Hinterfrage deine Gedanken immer wieder auf diese Weise, auch wenn es häufig dieselben sind. Dadurch haben die negativen Gedanken weniger Einfluss auf dein Denken und Handeln und nehmen auf lange Sicht ab.

Positive Affirmationen

Wie du nun weißt, wird unser Selbstbild maßgeblich durch unsere eigenen Gedanken gelenkt. Um genau das für dich nutzen und deine Selbstbild Verbesserung so schnell und effektiv wie möglich gestalten zu können, kannst du positive Affirmationen nutzen. Darunter versteht man kurze und prägnante aufbauende Aussagen über sich selbst, das Leben oder die Welt. Diese selbstbejahenden Sätze helfen dabei, Gedanken positiv zu beeinflussen und Veränderungen erfolgreich durchzuführen. Indem du ein Ziel in deinen Gedanken formulierst, kannst du es dir besser vor deinem geistigen Auge vorstellen.

Dadurch wirkt es gleich viel realer und ist direkt wesentlich greifbarer. Wenn du es also schaffst, deine Gedanken positiv zu beeinflussen, stehen die Chancen gut, deine Gefühle und dein Selbstbild langfristig verändern zu können. Als Inspiration habe ich hier ein paar meiner Lieblingsaffirmationen für dich gesammelt:

- ♥ Ich werde geliebt für das, was ich bin.
- ♥ Ich bin einzigartig und deshalb unglaublich wertvoll.
- ♥ Ich liebe das Leben und sage ja zu mir.
- ♥ Ich bin offen für das, was der Tag mir bringen wird.
- ♥ Ich bin es wert, bedingungslos geliebt zu werden.
- ♥ Ich liebe mich mit allen meinen Fehlern und Schwächen.
- ♥ Ich tue so viel, ich schaffe und das ist genug!
- ♥ Es fällt mir jeden Tag leichter, mich so zu akzeptieren, wie ich bin.
- ♥ Ich bin stolz auf die Erfolge, die ich bereits erzielt habe.
- ♥ Mein Körper ist wunderschön und ich schätze ihn.
- ♥ Ich bin dankbar für meinen liebevollen Partner und meine Familie.
- ♥ Ich habe die Fähigkeit, jede Hürde zu meistern.

Überlege dir, auf welchen Zielen dein Hauptaugenmerk liegt, welche Probleme du als Erstes lösen möchtest und suche dir mindestens fünf passende Affirmationen dazu aus. Du kannst dir natürlich auch eigene

Affirmationen schreiben. Wichtig ist, dass sie zu deinen persönlichen Zielen passen und du dich insgesamt nur auf wenige Aussagen konzentrierst. Gerade am Anfang solltest du dir nicht zu viele Affirmationen auf einmal zumuten, sondern dich lieber auf einige wenige Aussagen konzentrieren, damit sie ihre Wirkung vollständig entfalten können. Sprich die Sätze laut aus und versuche, die Worte von Herzen kommen zu lassen. Je öfter du sie wiederholst, desto besser können sie von deinem Unterbewusstsein abspeichert werden. Du kannst sogar eine Art Ritual daraus machen. Ich bleibe beispielsweise jeden Morgen nach dem Zähneputzen noch etwas länger vor dem Spiegel und führe liebevolle Selbstgespräche. Dies handhabe ich nun schon eine ganze Weile so und ich fühle mich richtig wohl dabei. Es ist fester Bestandteil meines Alltags geworden und hat dazu geführt, dass ich mich endlich bedingungslos wertvoll fühle.

Auch dein Gehirn wird die Affirmationen irgendwann als wahr einstufen. Du wirst dich selbstbewusster fühlen und ein besseres Bild von dir haben, – ganz unbewusst und natürlich.

Genieße dein Leben

Genieße dein Leben! Das ist oft leichter gesagt als getan. Oftmals malen wir uns stundenlang irgendwelche Horrorszenarien in der Zukunft aus, die in den meisten Fällen niemals eintreffen. Oder wir sind so gefangen im alltäglichen Trubel, dass wir gar nicht wirklich in den Genuss des Genießens kommen. Als Zweifachmama kann ich ein Liedchen davon singen. Du kennst dieses ständige von einem Ort zum anderen Hetzen und dabei gleichzeitig tausend Gedanken im Kopf zu haben sicher auch. Ruhige Minuten gibt es da nur sehr wenige und viel zu oft bewältigen wir gewohnte Abläufe auf Autopilot, weil wir es einfach irgendwie erledigt haben wollen. Ich versuche mir daher nun so oft wie möglich etwas Zeit für mich zu nehmen und das Hier und Jetzt zu genießen.

Früher wusste ich immer ganz genau, was mir zum vollkommenen Glück in meinem Leben noch fehlt. Ich hatte eine endlos lange Liste an Dingen, die ich unbedingt haben oder erreichen wollte. Heute weiß ich, dass ich meine Gedanken auf all die vorhandenen Geschenke meines Lebens ausrichten muss, um innere Zufriedenheit zu verspüren. Unsere Zeit ist viel zu kostbar, um sie mit trüben Gedanken, übermäßigen Erwartungen oder Sorgen zu verschwenden. Es ist viel erstrebenswerter, Freude in den alltäglichen Dingen zu finden, den Aufgaben, den Hürden und den schönen kleinen Momenten, die alles erst so richtig lebenswert machen.

Leben im Jetzt

Als Mama bist du ständig damit beschäftigt, schon die kommenden Tage und Wochen zu planen. Da ist es nur verständlich, dass es dir nicht immer leichtfällt, im Hier und Jetzt zu leben. Dennoch ist es wichtig, deine Aufmerksamkeit hin und wieder auf das wirklich Wichtige, die Gegenwart, zu lenken. Zukunft und Vergangenheit existieren nämlich nicht, sie sind nur Illusionen in deinem Kopf. Verliere dich deshalb nicht unnötig in der Vergangenheit, denn egal, was du alles versuchst, du wirst sie ohnehin nicht mehr verändern können. Versteh mich bitte nicht falsch: Natürlich ist es wichtig, gewisse Situationen zu reflektieren, um daraus lernen zu können. Dennoch solltest du die Vergangenheit loslassen und dich nicht allzu sehr dort hineinsteigern. Auch die Zukunft bedarf natürlich einiger Gedankengänge, aber mehr als gut planen kannst du aktuell ehrlicherweise sowieso nicht. Wenn du dich also ständig mit der Zukunft beschäftigst und darum sorgst, was eventuell passieren oder auch nicht passieren könnte, verschwendest du nur wertvolle Energie und Zeit.

Je länger du mit deinen Gedanken in der Vergangenheit oder der Zukunft aufhältst, desto weniger befindest du dich im Hier und Jetzt – und desto weniger kannst du dein Leben genießen, weil du mit deinem Kopf ganz woanders bist. So ergeht es vielen von uns immer wieder. In diesen Momenten hilft es häufig schon, sich einfach kurz zurückzulehnen und tief durchzuatmen. Versuche, dich ganz auf deinen Atem zu konzentrieren, wie er ein- und ausströmt, ohne dabei an irgendetwas anderes zu denken. Genieße jeden Atemzug und bringe deine Aufmerksamkeit wieder sanft zurück in die Gegenwart. Denn alles, was jemals in deinem Leben geschieht, passiert im Hier und Jetzt.

Der Irrtum, sich Genuss verdienen zu müssen

Kennst du auch dieses Gefühl, dass du nicht richtig abschalten kannst, weil noch tausend Dinge auf der To-do-Liste stehen? Es erscheint dir unmöglich, dich zurückzunehmen und dir auch mal Zeit für dich zu nehmen, – schließlich gibt es noch so viel zu erledigen. Völliger Quatsch, aber ich erinnere mich noch gut daran, als ich selbst so gedacht habe.

Wir Mütter neigen dazu, zuletzt an uns selbst zu denken. Wir flitzen durchs Leben, haben sämtliche To-dos im Kopf und tun alles, um unsere Familie glücklich zu machen. Aber wann bleibt dabei noch Zeit für unsere eigenen Bedürfnisse? Nie! Denn unsere Aufgabenliste füllt sich täglich und scheint niemals kürzer zu werden. Es ist eher so, dass sich für jede erledigte Aufgabe gleich zwei weitere ankündigen. Das ist bestimmt auch bei dir nicht anders. Deshalb ist es an der Zeit, diese Denkweise endgültig aus deinem Kopf zu verbannen. Hör also auf, deinen wohlverdienten Genuss und die Zeit für dich auf morgen zu verschieben, denn da wirst du nicht fündig werden. Fündig wirst du nur HEUTE.

Nutze deine Chance, etwas zu verändern und deine Zeit selbst einzuteilen. Gönne dir also endlich mal wieder ein paar Stunden nur für dich, lasse dir ein schönes warmes Bad ein, mache einen ausgiebigen Spaziergang oder tue einfach das, wonach dir gerade der Sinn steht.

Achtsamkeit ist das A und O

Achtsamkeit ist einer der wichtigsten Schlüssel zum Glücklichsein. Denn Achtsamkeit hilft dabei, den Fokus auf den aktuellen Moment zu richten, diesen bewusst zu erleben und mehr zu genießen. Achtsamkeit lässt sich in jeder Lebenssituation anwenden und fängt schon bei kleinen Dingen an. Versuche zum Beispiel mal, dich beim Essen nur mit deiner Mahlzeit zu beschäftigen. Was siehst du auf deinem Teller? Welche Aromen schmeckst du? Wie fühlt es sich in deinem Mund an? Indem du deine Konzentration voll und ganz auf das lenkst, was du gerade tust und fühlst, genießt du es automatisch mehr. Das klappt auch beim Spaziergang, wenn dich die Sonnenstrahlen wärmen, du eine angenehme Brise abbekommst, einen schönen Ausblick erhaschst oder niedliche Hunde siehst, die sich auf dem Feld raufen. Es funktioniert beim Kochen, beim Sport, beim Autofahren, sogar beim Windelwechseln, bei wirklich allem. Und genau das ist auch das tolle am achtsam sein. Man muss nicht erst auf morgen warten, um zu genießen, sondern kann es sofort – fang jetzt damit an.

Die Anderen

Wie viel einfacher wäre doch das Leben, wenn wir uns nicht um die Meinung unserer Mitmenschen kümmern würden. Wir könnten einfach das anziehen, was uns gefällt, ohne uns den Kopf darüber zu zerbrechen, wie wir damit wohl auf andere Menschen wirken. Zum Beispiel den kuscheligen Pullover, der eigentlich schon total ausgeleiert und verwaschen ist, aber immer noch so gemütlich. Doch nicht nur bei der Kleidung, auch in allen anderen Bereichen deines Lebens könntest du tun und lassen, wonach dir gerade ist, ohne dich ständig fragen zu müssen, was wohl die Familie, deine Freunde oder die anderen Mütter davon halten würden.

Was sich so leicht anhört, fällt vielen sehr schwer. Schließlich sind wir Gemeinschaftswesen und wollen von unserem sozialen Umfeld akzeptiert und gemocht zu werden. Es ist nur natürlich, dass wir unsere Freude, unsere Probleme und unseren Alltag mit anderen teilen möchten. Gerade wenn wir ein geringes Selbstwertgefühl haben, dürstet es uns nach der Anerkennung von anderen Menschen. Kritik wollen wir um jeden Preis vermeiden, um das ohnehin schon angeknackste Selbstwertgefühl nicht noch weiter zu belasten. Was wäre aber, wenn ich dir sage, dass es zwar vielleicht nicht ganz einfach, aber dennoch machbar ist, die Meinung anderer hin und wieder zu ignorieren?

Verstellen macht unglücklich

Sich permanent zu verstellen, um nicht anzuecken, ist auf Dauer extrem anstrengend und macht unglücklich. Du musst nicht nur ständig überlegen, wie dich andere wohl sehen und wahrnehmen, sondern auch einen Schein wahren, den du dir über die Zeit aufgebaut hast. Dadurch verlierst du auf lange Sicht das Gefühl für dich selbst und kannst irgendwann nicht einmal mehr unterscheiden, was jetzt wirklich zu dir gehört und was zu der Fassade, die du aufrechterhalten möchtest. Du spielst eine Rolle! Wenn diese dann auch noch stark von deinen eigenen Werten abweicht, fühlst du dich zwangsläufig unwohl und nicht mehr im Einklang mit dir selbst. Aber für welchen Preis? Um von anderen um jeden Preis gemocht zu werden?

Aber wirst du überhaupt von anderen gemocht oder wird nur deine Fassade anerkannt? Die Menschen kennen dich ja nicht einmal wirklich, wenn du nur aus deren Interessen heraus handelst. Sie können dich also auch gar nicht wirklich mögen, sondern nur das Bild, was du verkörperst. Wirklich erfüllend ist das irgendwie nicht, oder? Und vor allem gar nicht nötig! Glaub mir, die meisten Menschen werden dich sogar noch mehr mögen, wenn du einen starken eigenen Charakter hast, der auch mal den Meinungen der anderen widersprechen kann. Das ist schließlich viel glaubwürdiger, authentischer, liebenswürdiger und sympathischer. Auch dann, wenn deine Ansichten und dein Handeln nicht immer deckungsgleich mit dem sind, was andere Leute an deiner Stelle tun würden. Denn du bist einzigartig und wundervoll.

Warum es dir egal sein kann, was die anderen denken

Du hast dich lange genug versteckt, verstellt und zurückgenommen, um anderen zu gefallen. Damit ist nun Schluss! Löse dich von dem inneren Druck, es allen und jedem recht machen zu müssen und lerne, deine eigenen Wünsche und Bedürfnisse wieder in den Mittelpunkt rücken. Egal, was du tust, es wird immer Menschen geben, die das nicht gutheißen werden. Schließlich gibt es auf dieser Welt Milliarden von Menschen mit ganz unterschiedlichen Ansichten und Wertvorstellungen. Dafür wird es aber auch genauso viele Menschen geben, die deine Entscheidung oder Meinung befürworten. Da es schlichtweg unmöglich ist, es allen recht zu machen, brauchst du es auch gar nicht erst zu versuchen. Das wäre ein Weg ohne Ziel, der dir bloß unnötig Energie raubt.

Abgesehen davon unterhalten wir uns sowieso immer gerne über andere. Das ist meistens noch nicht mal was Persönliches, das eigene Leben ist wahrscheinlich einfach nur zu uninteressant. Klatsch und Tratsch wird mit Elefantenohren aufgesaugt, selten auf seinen Wahrheitsgehalt geprüft und anschließend ungeniert weitergegeben. Wenn wir mal ganz ehrlich sind, können sich wahrscheinlich nur die wenigsten davon freisprechen, jemals getratscht zu haben. Indem wir schlecht über andere reden, versuchen wir häufig uns selbst besser darzustellen und zu fühlen. Auslöser ist also meist die eigene Unsicherheit. Und ist es nicht auch viel angenehmer, sich nur mit den Problemen der anderen zu beschäftigen, anstatt mit den eigenen?

Wichtig ist, dass du nicht alles glaubst, was zu dir oder über dich gesagt wird. Wir neigen oft dazu, Informationen einfach zu verbreiten, ohne uns wirklich Gedanken darüber gemacht zu haben und so entstehen dann Gerüchte. Diese verbreiten sich wie ein Lauffeuer und werden auf ihrem Weg schlimmstenfalls auch noch mal gründlich verändert. Manche davon sind wahr, einige nicht. Wenn du dir dessen bewusst bist, wirst du dem Gerede schon automatisch deutlich weniger Bedeutung beimessen.

Vertraue dir selbst! Denn solange du hinter deinen Entscheidungen stehst, kann dir die Meinung von anderen egal sein. Du musst deine eigenen Entscheidungen treffen, die für dich passend sind. Es ist dein Leben und du entscheidest, wie es aussehen soll. Egal, um was es geht. Solange du spürst, dass es für dich das Richtige ist, ist alles okay. Dabei geht es nicht darum, die Ratschläge anderer zu ignorieren. Im Gegenteil. Bei wichtigen Entscheidungen können diese Gold wert sein. Aber dennoch ist es ungesund, sich davon zu sehr beeinflussen und leiten zu lassen. Es ist schließlich nicht wichtig, was andere über dich denken. Wichtig ist nur, was du über dich selbst denkst und dass du mit dir zufrieden und glücklich bist.

Was passiert, wenn du die Meinung anderer ignorierst?

Wahre Freiheit ist dann, wenn es dir vom Grunde deines Herzens egal ist, was andere über dich denken. Wenn du die Entscheidungen für dich und dein Leben eigenständig triffst und sie nicht vorher erst mit den Interessen anderer abgleichen musst. Dadurch ersparst du dir eine Menge Stress und setzt gleichzeitig neue Energie frei, die du wiederum in Ziele oder Projekte investieren kannst, die du von ganzem Herzen vertrittst.

Gleichzeitig wird sich dein soziales Umfeld quasi von selbst ausmisten, wenn du nicht mehr allen nach dem Mund redest. Deine wahren Freunde und deine Familie werden es schätzen und dich garantiert auch dann mögen, wenn du nach deinen eigenen Werten handelst. Und Menschen, die sich von dir entfernen, weil du deine Meinung und Ansichten nicht mehr jedes Mal an ihre anpasst, waren ohnehin keine wahren Freunde. Von diesen Energieräubern kannst du dich also getrost verabschieden und dich von nun an nur mit den Menschen umgeben, die dich genau so lieben und akzeptieren, wie du wirklich bist.

Lerne loszulassen

Um wirklich glücklich mit dir selbst zu werden, musst du lernen loszulassen. Je öfter es dir gelingt, desto befreiter, zufriedener und glücklicher wirst du dich fühlen. Lasse alle negativen Gedanken los, die dir durch den Kopf geistern und dich daran hindern, dein bestes Ich zu leben. Das Bild der perfekten Frau und Mutter, mit dem du dich vergleichst, schmerzhafte Erinnerungen, die dich immer wieder von Neuem quälen und nicht zuletzt das negative Selbstbild, was dich ständig zweifeln lässt. Wenn du es schaffst, all deinen Ballast von dir abzuwerfen, kannst du endlich wieder tief durchatmen und machst Platz für Neues. Doch Loslassen ist leider nicht immer einfach. Gerade im Anfangsstadium erscheint es oft unendlich schwer. Du kannst schließlich nicht einfach deine Hand öffnen und alles hinter dir lassen.

Loslassen ist ein Prozess, der nur durch Geduld und Selbstdisziplin gelingen kann.

Loslassen kannst du nicht erzwingen

Es lässt sich nur ganz schwer erzwingen, eine Erinnerung, eine Person oder einen Gedanken loszulassen. Je mehr du nämlich versuchst, etwas aus deinem Kopf zu verdrängen, umso mehr denkst du in diesem Moment darüber nach. Im schlimmsten Fall ärgerst du dich dann sogar, dass du immer noch so viel Zeit daran verschwendest. Genau genommen ist Loslassen also eher das Gegenteil von dem, was es eigentlich besagt. Du vertreibst die Dinge nicht einfach aus deinem Kopf, sondern akzeptierst, was ist. Gleichzeitig vertraust du aber auch darauf, dass alles, was geschieht, einen bestimmten Grund hat. Ganz nach dem Motto: »Wenn sich die eine Tür schließt, öffnet sich eine andere«. Mit diesem schönen Gedanken wird es dir viel leichter fallen, loszulassen. Weil du weißt, dass die entstandene Lücke nicht leer bleibt.

Loslassen fällt uns übrigens nicht bei allen Dingen gleich schwer. Besonders schwierig ist es immer dann, wenn wir versuchen, etwas loszulassen, was wir eigentlich nicht loslassen wollen – zum Beispiel einen geliebten Menschen. Wenn du viele schöne Jahre mit einer Person verbracht hast, ist es nur verständlich, dass du diese nicht einfach hinter dir lassen kannst. Das musst du auch nicht. Du wirst nämlich erst dann loszulassen können, wenn du es auch wirklich möchtest. Das gilt nicht nur für den geliebten Menschen, sondern auch für negative Gedanken, die sich bereits in deinem Kopf eingebrannt haben, für Verhaltensmuster, die du durchbrechen möchtest und vor allem für das Selbstbild, das du dir über all die Jahre aufgebaut hast.

Das Leben annehmen, wie es ist

Loslassen bedeutet auch, dass das Leben und sich selbst einfach anzunehmen. Stell dir vor, in deinem

Leben ist schon alles vorbestimmt. Lasse dir die schönen Dinge auf deinem Weg nicht durch Probleme, Unzufriedenheit oder Traurigkeit kaputtmachen. Es geschieht so oder so. Nehme dich und dein Leben also auch in schwierigen Momenten liebevoll an und verabschiede dich von der Vorstellung, dass im Leben immer alles perfekt und schön sein muss. Das muss es nämlich gar nicht. Wenn du lernst, auch schwere Zeiten anzunehmen, wird dich das nachhaltig stärken und dir Erfahrungen schenken, die du ohne eben diese Zeiten gar nicht gemacht hättest. Dies wiederum hilft dir, zukünftige Gefahren besser wahrzunehmen und auch schwierige Situationen zu meistern. Denn nichts bietet eine größere Chance zur Persönlichkeitsentwicklung wie eine Herausforderung, mit der man irgendwie fertig werden muss. Wir können zwar nicht bestimmen, was uns das Leben bringt, aber wir können entscheiden, wie wir damit umgehen.

Warum fällt loslassen so schwer?

Loslassen ist wohl eine der schwierigsten Lektionen in unserem Leben. Wir alle haben immer wieder damit zu kämpfen und verbinden das Loslassen irgendwie mit einem Schritt in die falsche Richtung. Schließlich fällt es uns häufig deutlich leichter, an dem Gewohnten festzuhalten – auch dann, wenn wir eigentlich ganz genau wissen, dass es uns nicht guttut oder (schon lange) nicht mehr relevant für unser Leben ist. Wir Menschen sind eben Gewohnheitstiere. Neue Dinge und Veränderungen machen Angst, etwas Altes loszulassen ebenso. Wir haben uns daran gewöhnt und auf eine merkwürdige und paradoxe Art und Weise geben uns diese Dinge eine gewisse Sicherheit.

Mit dem Loslassen wagen wir einen Schritt in eine unbekannte Richtung. Niemand kann in die Zukunft schauen und uns vorhersagen, was passieren wird, wenn wir loslassen. Kein Wunder also, dass uns dieser Schritt oft so schwerfällt. Wie wird sich das Leben dadurch verändern? Wird es positive Auswirkungen haben oder vielleicht sogar negative? Fakt ist, dass sich das Leben sowieso unaufhörlich verändert – häufig sogar ganz anderes, als wir es eigentlich geplant haben. Wir brauchen uns also gar nicht zu stressen und ständig selbst unter Druck setzten. Höchstwahrscheinlich wissen wir das unbewusst sogar und dennoch fällt es schwer, alles so zu akzeptieren und zu begrüßen, wie es kommt. Es ist, als hätten wir zwei Stimmen in uns, die uns gegenteilige Botschaften vermitteln. Die eine Stimme will, dass wir Vergangenes endlich loslassen, die andere Stimme fürchtet sich vor den Konsequenzen und möchte lieber in der Komfortzone der bekannten Umstände bleiben. Dieses innerliche Ringen mit sich selbst baut jedoch nur noch mehr Widerstand auf. Um zu erkennen, was das wirklich Richtige für uns ist, sollten wir den kleinen Quälgeist namens »innere Stimme« deshalb am besten kurz auf stumm stellen.

Wie lasse ich überhaupt los?

Wer loslässt, hat zwei Hände frei und befreit sich dadurch von wehmütigen Gedanken und negativem Ballast! Und genau deshalb ist es so wichtig, dass du deinen Gefühlshaushalt regelmäßig entrümpelst.

Oft hilft es schon, wenn du dir selbst verdeutlichst, dass du dich nicht länger an eine Erinnerung, eine Gewohnheit oder eine Person, die dir nicht guttut, klammern solltest. Dazu gehört auch, dass du deine Ausreden erkennst, die dich immer wieder daran hindern, endlich loszulassen. Eine bereits vertrocknete Blume würdest du wahrscheinlich auch nicht mehr wässern, oder? Hör auf, an der Vergangenheit und alten Belastungen festzuhalten, und fange an zu leben! Nicht selten halten wir wie am seidenen Faden an etwas fest, weil wir denken, dass wir nichts Besseres bekommen oder verdient haben. Aber glaub mir: Derartiges Denken ist Schwachsinn und zeugt nur von einem geringen Selbstwertgefühl. Vertraue dir selbst und habe den Mut loszulassen.

Mir persönlich hat der Gedanke, damit nicht allein zu sein, immer sehr geholfen. Vielleicht kannst du dich auf deinem Weg sogar mit anderen Müttern, denen es ähnlich geht wie dir, zusammentun und austauschen. Auf diese Weise könnt ihr eure Erfahrungen teilen, voneinander lernen und euch gegenseitig Halt und Unterstützung geben.

Erlaube dir außerdem, dass der Prozess des Loslassens eine ganze Zeit dauern darf und sogar soll. Du möchtest deine Erinnerungen schließlich nicht nur verdrängen, sondern gezielt daran arbeiten und das Problem an der Wurzel beseitigen. Andernfalls wirst du nicht richtig damit abschließen und die Erinnerungen und schmerzhaften Emotionen knallen immer wieder in dein Leben. Setz dich also nicht unter Druck, wenn du auch nach Monaten noch nicht da bist, wo du sein wolltest. Du »heilst« dich schließlich gerade und das tut jeder in seinem eigenen Tempo. Noch dazu verläuft Heilung nie linear. Selbst wenn du denkst, etwas endgültig losgelassen zu haben, kann es sein, dass es dich doch noch mal mit voller Wucht erwischt. Auch das ist normal und gehört zur Heilung und zum Loslassen dazu. Mit der Zeit wirst du sehen, dass sich eine Veränderung bemerkbar macht und es dir immer besser geht. Genau das ist der Erfolg, den du anstrebst.

Am besten loslassen kannst du, indem du verzeihst. Verzeihen löst enttäuschte Gefühle auf und heilt alte Wunden. Vergibt anderen und vor allem dir selbst. Und zwar ohne dass sich derjenige, der dich verletzt oder gekränkt hat, bei dir entschuldigen muss. Vergebung ist keine Sache, mit der du demjenigen, der dich verletzt hat, Güte erweisen, sondern einzig eine Entscheidung zu deinem Wohle. Nur wenn du vergibst, kannst du mit den Geschehnissen abschließen und die Verletzung vollständig hinter dir lassen. Vergeben solltest du also vor allem dir selbst zu Liebe.

Eine weitere Möglichkeit, die dich beim Loslass-Prozess unterstützen kann, ist, diesem eine symbolische Handlungen hinzuzufügen. So kann es beispielsweise überaus heilsam sein, deinen Emotionen freien Lauf zu lassen und die ganze Wut und den Schmerz einfach aus dir herauszuschreien. Oder du schreibst all das, was du loslassen willst, auf ein Blatt Papier und verbrennst es anschließend. Durch die Durchführung einer solchen »Zeremonie« fällt es uns häufig leichter, das Geschehene zu verarbeiten und endlich damit abzuschließen.

KAPITEL 6

Kinder brauchen Wertschätzung

Die wichtigsten Werkzeuge, um an deinem eigenen Selbstwertgefühl zu arbeiten, habe ich dir in den vorherigen Kapiteln vorgestellt. Nun geht es darum, wie du das Selbstwertgefühl deiner Kinder erhalten bzw. stärken kannst. Es ist schließlich kein Geheimnis, dass wir den Selbstwert und das Selbstbewusstsein unserer Kinder bereits in der ersten Lebensphase prägen. Klar, dass du als Mutter da am liebsten alles richtig machen willst. Worauf es in der Erziehung ankommt, um auch deinen Kindern von Anfang an eine selbstbewusste Entwicklung zu ermöglichen und wie wichtig deine Rolle – und die deines Partners – dabei ist, erfährst du jetzt.

Erziehung beeinflusst das Selbstbewusstsein unserer Kinder

Durch unsere Erziehung nehmen wir nachhaltig Einfluss auf das Selbstbewusstsein unserer Kinder. Dies beweist auch eine Langzeitstudie aus den USA, welche mehrere Tausend Kinder von der Geburt an bis ins Erwachsenenalter begleitet hat.[5] Die Ergebnisse zeigen deutlich, dass die Erziehung in frühen Jahren bereits schlussfolgern lässt, wie sich der Selbstwert des Kindes einmal entwickeln wird. Aus der Studie geht ebenfalls hervor, dass diese frühen Erfahrungen langfristige Effekte mit sich bringen, die sich auch dann nicht auflösen, wenn das Kind ins Erwachsenenalter übergeht. Die Effekte werden zwar mit der Zeit ein wenig schwächer, verschwinden aber nie gänzlich.

Dies kann sogar dazu führen, dass ein Kind dauerhaft an seinem Selbstwert zweifelt, sich viele Dinge nicht zutraut und generell sehr negativ über sich denkt. All dies kann wiederum dazu beitragen, dass es Probleme hat, Freunde zu finden, sich in eine Fantasiewelt flüchtet und sogar noch im Erwachsenenalter Schwierigkeiten hat, was beispielsweise die Karriere betrifft.

In einer weiteren Studie (ebenfalls aus den USA) wurden rund 200 Kinder im Alter von 5 Jahren auf ihr Selbstwertgefühl getestet.[6] Nie zuvor wurde eine derartige Studie in einem so frühen Kindesalter durchgeführt, da man bis dato immer davon ausging, dass sich der Selbstwert eines Kindes erst viel später entwickelt und bis ins Grundschulalter stets positiv ist. Das Ergebnis der Studie zeigt jedoch eindrücklich, dass das Selbstwertgefühl bei Kindern in diesem Alter nicht nur unerwartet stark ist, sondern bereits unterschiedlich hoch ausfällt. Diese Studie unterstreicht die Bedeutung der frühkindlichen Erziehung und welchen entscheidenden Einfluss Eltern auf das Selbstwertgefühl ihrer Kinder haben. Und zwar noch bevor diese in die Grundschule kommen und der Selbstwert auch durch das soziale Umfeld geprägt wird.

Wir Eltern haben die Pflicht, unseren Kindern eine gute Selbstwert-Basis mit auf den Weg zu geben und sie optimal auf die Welt da draußen vorzubereiten. Natürlich wollen wir nur das Beste für unsere Kinder und versuchen stets, aus ihrem Interesse heraus zu handeln. Gerade gegenüber Kindern sind wir uns jedoch leider oft nicht bewusst, wie schädlich unser unbewusstes Verhalten und unsere Aussagen für das Selbstwertgefühl sein können. Dazu gehört auch ein zu hoher Erwartungsdruck oder ständige Vergleiche mit anderen Kindern.

Warum ein gutes Selbstbewusstsein bei Kindern so wichtig ist

Ein starkes Selbstbewusstsein ist die wesentliche Voraussetzung für ein glückliches und zufriedenes Leben. Der Grundstein dafür wird bereits in den ersten Lebensjahren gelegt, weshalb wir von Geburt an dafür sorgen müssen, dass unser Kind seinen eigenen Wert erkennt und sich selbst schätzt. Ein selbstbewusstes Kind, das ein positives Ichgefühl entwickelt hat, kommt im Leben viel besser zurecht.

Zunächst einmal spielt das Selbstwertgefühl eine entscheidende Rolle bei der schulischen Bildung. Wenn dein Kind weiß, was es kann, wird es sich auch trauen, dies zu zeigen. Es wird sich auch von seinen Schwächen verunsichern lassen, sondern sich stattdessen ganz auf seine Stärken konzentrieren. Es vertraut auf seine eigenen Fähigkeiten. Dadurch wird ihm sowohl die Schule als auch später der Einstieg ins Berufsleben um einiges leichter fallen. Auch die Gesundheit verbessert sich mit einem guten Selbstbewusstsein, da Depressionen oder psychosomatische Störungen es schwer haben, sich bei einem Kind einzunisten, welches sich wertgeschätzt und respektiert fühlt. Sogar Ängste werden weniger, wenn dein Kind auch aus Niederlagen mit einem erhobenen Kopf hervorgehen kann und sieht, dass die Welt davon nicht untergeht.

Auch unter sozialen Gesichtspunkten haben es selbstbewusste Kinder häufig leichter. Sie kommen besser mit Menschen zurecht, können dauerhafte Freundschaften schließen und haben in der Regel auch mehr Freunde. Sie scheuen sich nicht, mutig und neugierig auf andere zuzugehen und werden von anderen Kindern aufgrund ihrer selbstsicheren und zuversichtlichen Art gemocht. Sie sind aufgeschlossen und können auch damit umgehen, wenn andere einmal anderer Meinung sind. So bauen sie sich rechtzeitig ein soziales Umfeld auf, ohne dabei abhängig von anderen zu sein. Außerdem fallen selbstbewusste Kinder nicht so schnell auf falsche Freunde herein.

Sie wissen genau, was sie wollen und versuchen nicht verzweifelt, dazu zu gehören. Als Elternteil braucht man sich dementsprechend deutlich weniger Gedanken darüber zu machen, dass es irgendwann in falsche Kreise geraten könnte. Gleiches gilt übrigens auch für romantische Beziehungen im Erwachsenenalter, – schließlich ist man in einer Beziehung deutlich glücklicher, wenn man nicht dauernd zweifelt und sich fragt, ob man dem Partner überhaupt genug ist.

Ein wunderbarer Nebeneffekt eines guten Selbstbewusstseins ist, dass viele Kinder sich dadurch trauen, kreativ zu werden. Sie probieren verschiedene Dinge aus, malen mit Hingabe, wollen ein Instrument lernen oder vielleicht sogar in einem Chor singen. Sie haben Spaß daran, ihre eigenen Talente auf die Probe zu stellen und lassen sich auch nicht unterkriegen, wenn es vielleicht doch mal nicht das Richtige für sie war – es gibt schließlich noch so viel zu entdecken!

Sehr erleichternd für alle Eltern ist zudem, dass selbstbewusste Kinder sich besser vor gefährlichen Situationen schützen können. Wir können unsere Kleinen schließlich nicht rund um die Uhr bewachen, umso beruhigender, wenn sie selbst stark genug sind, um sich zur Wehr zu setzen. Durch eine selbstsichere Körperhaltung signalisiert sie den anderen automatisch: »Ich bin kein Opfer! Mit mir könnt ihr nicht machen, was ihr wollt!«. Außerdem gehört eine Menge Mut dazu, auch mal ein entschiedenes »Nein, ich will nicht!« auszusprechen und damit gegebenenfalls auf das Unverständnis anderer zu stoßen.

Geringes Selbstbewusstsein bei Kindern erkennen

Es ist nicht unbedingt immer einfach, ein geringes Selbstbewusstsein bei Kindern zu erkennen. Besonders schwierig ist es natürlich bei jüngeren Kindern, die sich noch nicht umfassend ausdrücken können. Wie du dennoch erkennst, dass dein Kind ein geringes Selbstwertgefühl hat, habe ich hier zusammengefasst:

Sobald dein Kind sprechen kann, kannst du ein schlechtes Selbstwertgefühl und Selbstbewusstsein recht eindeutig daran erkennen, dass es oft geringschätzig von sich redet. Neue Dinge wollen nicht ausprobiert werden und der Lieblingsspruch deines Kindes scheint »Ich kann das nicht!« zu sein. Dies sind schon starke Anzeichen, auf die du in jedem Fall ein Auge haben solltest. Aber auch solange dein Kind noch nicht sprechen kann, lassen sich bereits erste Merkmale eines mangelnden Selbstbewusstseins ausmachen. Du kannst beispielsweise beobachten, ob es neue Herausforderungen spielerisch annimmt oder ihnen eher aus dem Weg geht. Kinder mit schlechtem Selbstbewusstsein trauen sich selbst nämlich nur wenig zu und versuchen viele Dinge daher erst gar nicht, aus Angst zu versagen. Sie sind der festen

Überzeugung, dass sie es so oder so nicht können. Ein solches Verhalten ist oft schon bei Kleinigkeiten erkennbar. Zum Beispiel dann, wenn dein Kind einen kleinen Turm aus Bauklötzen bauen soll. Die meisten Kinder würden sich munter ans Werk machen und einen Turm bauen, bis er umfällt. Kinder mit schlechtem Selbstbewusstsein haben hingegen Angst, dass sie die Bauklötze falsch stapeln und der Turm sofort umkippt. Sie zweifeln also schon, bevor sie überhaupt angefangen haben. Und falls sie es sich doch irgendwann trauen, kann es sein, dass sie frustriert aufgeben, wenn es nicht sofort klappt. Heulkrämpfe und schlechte Laune stehen ab dann auf dem Tagesplan und an einen erneuten Versuch ist gar nicht erst zu denken.

Ist dein Kind in Gegenwart anderer Menschen eher schüchtern und zurückhaltend, könnte dies ebenfalls ein Anzeichen eines geringen Selbstbewusstseins sein. Das Wort »könnte« habe in diesem Fall allerdings nicht ohne Grund verwendet. In einem gewissen Alter ist das Fremdeln bei Kindern nämlich ganz normal. Jeder, der weder Mama noch Papa ist oder zur engsten Verwandtschaft gehört, ist automatisch unheimlich. Es wird sich an eine Bezugsperson geklammert, sich hinter dieser versteckt und auf diese Weise Schutz gesucht. Sollte diese Phase bei deinem Kind allerdings schon eine Weile zurückliegen, kann ein entsprechendes Verhalten auf ein mangelndes Selbstbewusstsein hindeuten. Dies äußert sich meistens auch darin, dass die Kinder nicht gerne in den

Kindergarten oder in der Grundschule gehen. Wenn du also bemerkst, dass dein Kind sich dauernd sträubt, dorthin zu gehen, ist dies ebenfalls ein dickes Warnsignal, dem du unbedingt auf den Grund gehen solltest.

Ein weiteres Warnzeichen, was oft übersehen wird, ist, wenn dein Kind übermäßig viel Zuwendung sucht und Bestätigung braucht. Als Mama freuen wir uns schließlich vielmehr darüber, dass unsere Liebsten so viel Nähe und Kontakt zu uns suchen, als das wir uns deshalb sorgen. Bis zu einem gewissen Grad ist es im Kindesalter ja auch völlig normal, dass Kinder anhänglich sind. Solltest du jedoch beobachten, dass dein Kind sich nur mit der Bestätigung von außen wirklich wertgeschätzt fühlt, ist es an der Zeit, aktiv zu werden und etwas zu ändern.

Selbstbewusstsein bei Kindern stärken

Du möchtest nun bestimmt wissen, wie du das Selbstbewusstsein deines Kindes bestmöglich stärken kannst. Die gute Nachricht ist: Jedes Kind kann innere Stärke aufbauen, denn Selbstbewusstsein ist nicht angeboren. Wie das geht und dein du dein Kind auf diesem Weg gezielt unterstützen kannst, – das möchte ich dir auf den nächsten Seiten zeigen.

In erster Linie beginnt diese Reise bei dir selbst. Denn du bist das größte Vorbild für dein Kind, von dem es lernt und sich eine Menge abguckt. Wenn du nun also unsicher bist, häufig schlecht über dich redest oder selbst bei kleinen Niederlagen sofort zum Aufgeben neigst, bekommt das auch dein Kind mit. Und da du bis zu einem gewissen Alter nun mal eine Hauptbezugsperson deines Kindes bist, wird es sich an deinem Verhalten orientieren und es dir entsprechend nachahmen. Wie soll es auch wissen, dass es sich lieber ganz anders verhalten sollte, wenn es ihm doch von seinem größten Vorbild genauso vorgelebt wird? Woher soll es wissen, was Selbstbewusstsein überhaupt ist? Deine Vorbildfunktion als Mutter ist auch deshalb so wichtig, um deine Lektionen glaubwürdig zu machen. Du kannst deinem Kind schließlich noch so viel von einem guten Selbstwertgefühl erzählen: Wenn es merkt, dass du selbst unsicher bist, wird es dir das Gesagte nicht abkaufen.

Um deinem Kind ein gutes Gefühl zu geben, ist es ebenfalls wichtig, ihm stets ein offenes Ohr zu bieten. Ermutige dein Kind, über sich zu sprechen, neue Dinge auszuprobieren und gib ihm die Sicherheit, dass da bist, wenn es dich braucht. Egal, um was es geht. Denn was sich für dich vielleicht nach einer Lappalie anhört, kann für dein Kind von großer Bedeutung sein. Freue dich mit deinem Kind über kleine Erfolge und nimm es ernst, wenn es etwas bedrückt. Nur so kannst du deinem Kind vermitteln, dass seine Gefühle eine Daseinsberechtigung haben und es wichtig ist, diese auch zu zeigen. Frag nach seiner Meinung, seinen Wünschen und seinen Ängsten. Wenn dein Kind merkt, dass es mit dir über alles reden kann, wirst du automatisch zum wichtigen Ansprechpartner. So ein Ansprechpartner bietet Kindern Sicherheit und unheimlich viel Halt.

Ein schneller und effektiver Weg, das Selbstbewusstsein deines Kindes aufzubauen und zu stärken, sind jedoch Lob und Anerkennung. Ähnlich wie wir Erwachsenen wollen auch Kinder um ihrer selbst willen geliebt werden. Egal ob sie Fehler machen und ungeachtet ihrer Stärken und Schwächen. Deshalb solltest du dein Kind oder ein Verhalten von ihm mindestens einmal am Tag loben, – am besten, wenn es sich für etwas richtig anstrengen und Mühe geben musste. Bestärke dein Kind darin, stolz auf sich selbst zu sein und lobe es auch dann, wenn ihm etwas nicht gelungen ist. Zum Beispiel dafür, dass es überhaupt den Versuch unternommen hat, etwas Neues auszuprobieren. Auch gutes Benehmen ist Anlass genug, um deinem Kind dafür ein wenig Anerkennung zu schenken. Wenn du dein Kind hingegen nur für seine Fähigkeiten und Talente lobst, kann das dazu führen, dass es Angst vor dem Versagen bekommt und an sich zweifelt, wenn ihm Fehler unterlaufen. Es wird dann immer vorsichtiger und traut sich zunehmend weniger zu. Deshalb ist es besonders wichtig, dass dein Kind bereits von klein auf lernt, dass auch Scheitern zum Leben gehört und jeder Versuch, etwas Unbekanntes auszuprobieren, – obwohl man scheitern könnte – mutig ist und Anerkennung verdient. Auf diese Weise wirst du dein

Kind auch ermutigen, sich neue Dinge zuzutrauen und immer mit Spaß bei der Sache zu sein. Ganz ohne Versagensängste. Biete deinem Kind gerne auch Hilfe an, wenn du bemerkst, dass es beginnt zu zweifeln oder nicht vorankommt. So fühlt es sich unterstützt und nicht alleingelassen. Mindestens genauso wichtig ist es, deinem Kind oft genug die Möglichkeit zu geben, seine eigenen Stärken auszuspielen. Fördere seine Interessen und achte darauf, dass es den Tätigkeiten, die es besonders gerne macht und gut beherrscht, auch regelmäßig nachgehen kann.

Liebevolle Gesten und Kuscheleinheiten tragen ebenfalls dazu bei, das Selbstvertrauen deines Kindes nachhaltig zu stärken. Regelmäßige emotionale Wärme und Zuneigung sind sehr wichtig, denn jedes Kind braucht das Gefühl, geliebt zu werden. Nimm dein Kind deshalb mindestens einmal täglich in den Arm und sage ihm, wie lieb du es hast. Es wird diese positive Energie förmlich in sich aufnehmen und sich auch dann liebenswert fühlen, wenn es nichts geleistet hat. Zeige deinem Kind, dass es ein wundervoller Mensch ist, egal was es tut oder kann. Wenn es doch mal irgendetwas macht, womit du nicht einverstanden bist, solltest du unbedingt darauf achten, wie du Kritik übst. Rede immer wertschätzend und auf Augenhöhe, aber niemals abwertend mit deinem Kind. Versuche, ganz sachlich das Verhalten zu kritisieren, deinem Kind aber gleichzeitig immer noch das Gefühl zu geben, dass es bedingungslos geliebt wird. Es ist auch wichtig, dass du ruhig bleibst und dein Kind trotz allem Ärger nicht mit mehrstündiger Ablehnung quälst. Je nach Alter kann dein Kind seine Taten nämlich noch gar nicht richtig mit deiner Reaktion in Verbindung bringen und bekommt dadurch im schlimmsten Fall das Gefühl, als Person ungeliebt zu sein. Das hinterlässt bereits sehr früh Narben und kann dem Selbstbewusstsein deines Kindes nachhaltig schaden. Gewöhne dir deshalb an, deine aufgewühlten Emotionen ein wenig zurückzustecken und häufiger zu sagen, was du dir wünschst, anstatt nur darüber zu sprechen, was dir missfällt.

Genauso wenig, wie du dich selbst mit anderen messen und vergleichen solltest, solltest du auch dein Kind so wenig wie möglich mit anderen Kindern vergleichen. Jedes Kind ist einzigartig und möchte auch so behandelt werden. Vergleiche mit den Klassenkameraden, die immer bessere Note nach Hause bringen, dem stets artigen Geschwisterkind oder gar den eigenen Freunden sind absolut schädlich für das Selbstwertgefühl deines Kindes. Mit Vergleichen erzeugst du bei deinem Kind nur den Eindruck, als wäre es weniger wert oder nicht gut genug. Schätze dein Kind deshalb für seine Einzigartigkeit und vergleiche es, statt mit anderen, lieber mit sich selbst, wenn es sich positiv entwickelt hat. Damit unterstützt du das Selbstbewusstsein deines Kindes und gibst ihm die Möglichkeit, stolz auf sich zu sein.

Damit dein Kind ein gesundes Selbstbewusstsein aufbauen kann, ist es außerdem wichtig, dass du es nicht zu sehr behütest und in Watte packst. Ja, die Welt da draußen kann grausam sein, aber irgendwann wird der Moment kommen, an dem du als Mama nicht mehr schützend an der Seite deines Kindes sein kannst. Deshalb solltest du deinem Kind die Freiheit geben, seine eigenen Erfahrungen zu machen und dabei auch mal kleine Risiken einzugehen. Nur so wird es lernen, dass auch Fehler, Niederlagen, Ablehnung und sogar Schmerz zum Leben gehören. Wenn du deinem Kind diese Einblicke vorenthältst und stattdessen immer alle Steine aus dem Weg räumst, gaukelst du ihm eine Welt vor, die es so gar nicht gibt. Dies verhindert wiederum, dass dein Kind eine innere Stärke entwickeln kann oder lernt, eigenständig mit Problemen klarzukommen. Ich kann gut nachvollziehen, wie schwer es als Mutter ist, seinem eigenen Kind dabei zuzusehen, wie es in manchen Situationen regelrecht ins offene Messer läuft und gekränkt oder verletzt wird. Genau diese Erfahrungen sind aber ausschlaggebend, um später im Erwachsenenalter auch mit Krisen umgehen zu können. Mit Überbehütung tust du deinem Kind also vielleicht im ersten Augenblick einen Gefallen, nimmst ihm schlussendlich aber wichtige Erfahrungen für sein Leben. Starke Kinder brauchen auch negative Erfahrungen, um daraus wachsen zu können. Es gibt für dich also auch keinen Grund, als Mama in Selbstvorwürfe zu verfallen, wenn du dein Kind nicht immer vor allem bewahren kannst.

Die Vorbildfunktion der Eltern

Das absolut Wichtigste ist es, dass du ein Vorbild für dein Kind bist.

Unsere Kinder nehmen tagtäglich wahr, was wir tun und wie wir mit ihnen umgehen. Insbesondere im frühkindlichen Alter beobachten uns unsere Kleinen sehr aufmerksam und speichern alles ab, was wir so tun. Und je öfter wir etwas tun, desto prägnanter ist es für unsere Kinder und umso mehr werden sie sich mit zunehmendem Alter daran orientieren. Selbst wenn du dir noch so große Mühe gibst, kannst du es also gar nicht vermeiden, dein Kind in seinem Charakter und Verhalten zu beeinflussen. Du bist ein Vorbild – allein durch dein alltägliches Handeln und Sein.

Menschen brauchen Vorbilder, an denen sie sich – bewusst oder unbewusst – orientieren können. Da wir Eltern traditionell die engsten Vertrauten unserer Kinder sind, ist es nur natürlich, dass sie uns auch als ihre ersten Vorbilder auswählen. Wir werden irgendwie beeindruckend wahrgenommen und nachgeahmt. Unsere Kinder versuchen, sich so zu verhalten, so zu reden und so zu sein wie wir. Kinder sind somit häufig eine Art Miniaturausführung ihrer Eltern.

Es ist wichtig, dass du dir deiner Vorbildfunktion bewusst bist, – schließlich hast du als Mama einen erheblichen Einfluss auf dein Kind. So kannst du ihm wunderbar die Werte vermitteln, die dir wichtig sind und in eurem Haushalt gelebt werden. Dennoch solltest du dir dabei immer selbst treu bleiben und nicht versuchen, dich gegenüber deinem Kind zu verstellen. Irgendwann wird es ohnehin selbst entscheiden, welche Werte es nun für sich übernehmen möchte und welche nicht. Deine Vorbildfunktion dient also im Wesentlichen dazu, deinem Kind Orientierungspunkte zu geben, die es ihm ermöglichen, auf gesunde Weise eigenständig und selbstverantwortlich aufwachsen zu können.

Wie Kinder Respekt lernen

Wir beklagen uns oft, dass Kinder und Jugendliche uns zu wenig Respekt zeigen. Dabei lernen Kinder Respekt oder Respektlosigkeit von der Art, wie wir sie behandeln oder wie wir miteinander umgehen. Denn Kinder gucken sich das Verhalten von anderen ab. Als Eltern haben wir deshalb die wesentliche Aufgabe, unseren Kindern einen respektvollen Umgang miteinander vorzuleben.

In jungen Jahren verstehen Kinder meist noch nicht, was Respekt überhaupt bedeutet und wozu er gut ist. Die Gehirnhälften der Kinder sind zu diesem Zeitpunkt noch ganz anders entwickelt als die eines Erwachsenen. Bei Kindern ist die untere Gehirnhälfte, die für Gefühle und instinktives Handeln zuständig ist, noch stärker ausgeprägt als die obere Hälfte, die es uns erlaubt, vernünftig zu handeln. Oftmals hat es also gar nichts mit Respektlosigkeit zu tun, wenn sich dein Kind trotzig oder lautstark verhält. Es weiß sich in seinem Alter nur noch nicht anders zu helfen. Dennoch ist es natürlich nie zu früh, seinem Kind ein wenig Respekt gegenüber anderen beizubringen. Denn auch wenn dein Kind das Konzept von Respekt noch nicht vollumfänglich versteht, kann es bereits Verhaltensweisen lernen, die diesen ausdrücken. Dazu gehören so simple Dinge wie jemanden ausreden zu lassen oder immer »Bitte« und »Danke« zu sagen. Dieses Benehmen kann dein Kind am besten verinnerlichen, wenn du es ihm auch so vorlebst. Möchtest du also, dass dein Kind immer höflich »Bitte« und »Danke« sagt, dann solltest du es gegenüber deinem Kind genauso machen. Und wenn du möchtest, dass dein Kind dich und andere ausreden lässt, solltest du auch dein Kind nicht unterbrechen, – auch wenn das manchmal ein wenig anstrengend sein kann.

Respektlosigkeit ist nicht angeboren und vor allem im jüngeren Alter sind die wenigsten Kinder absichtlich respektlos. Vielmehr schauen sie sich hier und da das Verhalten von Menschen in ihrer Umgebung ab und schnappen hier und da einige Wörter oder Sätze auf, die wir als respektlos erachten. Das Kind versteht allerdings noch gar nicht, dass ein solches Verhalten oder eine derartige Wortwahl vielleicht verletzend für andere ist. Es freut sich lediglich darüber, neue und aufregende Wörter und Verhaltensweisen gelernt hat und bringt diese entsprechend zum Einsatz – ganz ohne bösen Hintergedanken. Anstatt nun also schockiert oder wütend auf dein Kind zu sein, solltest du ihm lieber in Ruhe erklären, warum sein Verhalten falsch ist und warum es so wichtig ist, andere Menschen respektvoll zu behandeln. Wenn sich dein Kind nicht gerade in einer Phase befindet, in der es seine Grenzen austesten möchte, wird es dich verstehen und schnell andere Verhaltens- und Ausdrucksweisen übernehmen.

Selbstverständlich läuft aber nicht immer alles nach Plan und Kindern Respekt beizubringen ist auch nicht immer einfach. Es wäre doch auch zu schön, wenn wir bloß einmal etwas sagen müssten und unsere Kinder würden sich sofort daran halten, oder? Verliere also nicht die Geduld und versuche, auch dann noch gelassen zu bleiben, wenn du etwas vielleicht zwei-, drei- oder sogar viermal ansprechen musst. Dein Kind sieht die Welt schließlich mit ganz anderen Augen und hat dementsprechend auch eine völlig andere Sicht auf die Dinge. Nicht alles, was du sagst oder machst, scheint also auch automatisch für dein Kind Sinn zu ergeben. Und wie verhält man sich, wenn das, was von einem verlangt wird, in den eigenen Augen keinen Sinn ergibt? Richtig, man sträubt sich. Das ist zwar anstrengend und nervenaufreibend, aber noch lange kein Grund zum Verzweifeln. Wenn es also doch mal zu einer kleinen Meinungsverschiedenheit zwischen dir und deinem Kind kommt, solltest du versuchen, dir zunächst ein wenig Zeit zum Durchatmen zu geben, bevor du es mit ruhiger Stimme noch einmal versuchst. Dabei kann es auch helfen, mit deinem Kind auf Augenhöhe zu gehen. Knie dich also hin, sodass du nicht länger von oben auf dein Kind herabschaust und beginne anschließend ganz sachlich das Gespräch. Merke: Selbst wenn dir ein Verhalten deines Kindes mal nicht passt, solltest du ihm niemals das Gefühl geben, deswegen weniger liebenswert zu sein. Eine Bestrafung mit Ablehnung hat in den seltensten Fällen den gewünschten Effekt, da Kinder einfach noch nicht die vollständigen Zusammenhänge erkennen können. Sobald dein Kind allerdings merkt, dass es von dir respektiert und auf Augenhöhe behandelt wird, wird es auch eher dazu bereit sein, sich auf einen Kompromiss oder deine Wünsche einzulassen.

In jeder Eltern-Kind-Beziehung ist es darüber hinaus unabdingbar, gewisse Grenzen zu setzen. Dein Kind muss lernen, dass ein respektloses Verhalten in keiner Hinsicht Vorteile bringt und es keinen Sinn macht, so lange zu schreien oder zu quengeln, bis das gewünschte Resultat eintritt. Mein Sohn hatte früher immer heftige Schreikrämpfe, wenn er ins Bett sollte. Er hatte wohl Angst, etwas zu verpassen und wollte unbedingt so lange wach bleiben wie wir. Um die festgelegten Grenzen in diesen Situationen deutlich zu machen, ist es wichtig, dass du zwar höflich, aber gleichzeitig auch bestimmt und konsequent bleibst. Ich habe also versucht, meinen Sohn zu trösten, aber dennoch nicht nachgegeben und ihn ins Bett gebracht. Wenn dein Kind in solchen Momenten jedoch seinen Willen bekommt, selbst wenn es nur eine einmalige Ausnahme ist, wird es sich das merken und es immer wieder auf die gleiche Weise versuchen. Es hat ja schließlich schon mal geklappt. Zeigst du deinem Kind hingegen, dass es auf diesem Weg absolut nichts erreicht, wird es dieses Verhalten irgendwann auch von ganz alleine ablegen.

Studien zeigen ohnehin, dass Lob und Belohnung wesentlich besser funktionieren als Strafen und auch länger wirken. Anstatt dein Kind für sein unangemessenes Benehmen zu bestrafen, solltest du also lieber die Situationen loben, in denen es sich respektvoll verhält. Auf diese Weise bringst du deinem Kind Wertschätzung entgegen und motivierst dazu, dieses Verhalten öfter an den Tag zu legen. Achte dabei darauf, ganz spezifisch die Dinge anzusprechen und dein Lob dadurch zu konkretisieren. Anstelle von »Du warst heute richtig toll«, solltest du also unbedingt auch erwähnen, wieso du dein Kind gerade heute so toll fandest. Andernfalls kann dein Kind nämlich nicht zuordnen, welches von seinen Verhalten überhaupt diese Reaktion bei dir ausgelöst hat. »Toll, wie freundlich du heute zu den neuen Kindern im Kindergarten warst«, stellt im Kopf deines Kleinen hingegen sofort eine Verbindung her. Freundlich zu den anderen sein wird gelobt! Kinder lieben Lob. Also werden sie die Verhaltensweisen, für die sie gelobt wurden, beibehalten.

Es ist also gar nicht so schwer, deinem Kind den nötigen Respekt gegenüber anderen beizubringen, wenn du ein wenig Geduld mitbringst und ab und zu versuchst, die Welt durch die Augen des Kindes zu sehen. Behandle dein Kind genauso, wie du selbst behandelt werden möchtest. Denn ein respektvoller, freundlicher Umgang mit Kindern ist der Schlüssel für die positive Entwicklung eines jeden Menschen.

Schlusswort

Jetzt bist du tatsächlich schon am Ende dieses Buches angelangt. Ich hoffe, du hast eine Antwort auf deine Fragen gefunden und ich konnte dir mit diesem Buch zeigen, wie du eine gesunde Liebe zu dir selbst aufbauen kannst, – denn du bist die Expertin, wenn es um dein Leben geht.

Versuche, noch einmal daran zurückzudenken, wie du dich am Anfang dieses Buches gefühlt hast. Vielleicht wusstest du noch gar nicht, wieso du dir auf einmal so schwach und alleine vorgekommen bist. Du hast dich gefragt, ob und vor allem, wann du dich endlich wieder wohl in deiner Haut fühlen wirst. Vielleicht auch, wann dein Körper endlich wieder so aussehen wird, wie er es vor der Geburt getan hat. Mittlerweile weißt du hoffentlich, dass ein geschwächtes Selbstwertgefühl bei Müttern keine Seltenheit ist und du damit auch nicht alleine bist. Vielen Frauen geht es ähnlich wie dir, wenn sie Tag und Nacht von ihren negativen Gedanken und Gefühlen sich selbst gegenüber eingenommen werden. Das Problem bist weder du noch dein Körper. Das war es nie. Es ist vielmehr deine Art und Weise zu denken und über dich zu urteilen. Da du nun auch die Risiken eines geringen Selbstwertgefühls kennst, hast du vielleicht auch die Motivation gewonnen, um endlich etwas dagegen zu unternehmen und die Situation nicht einfach weiter tatenlos hinzunehmen.

Gut, dass du jetzt auch die Gründe kennst, die für ein geschwächtes Selbstwertgefühl verantwortlich sein können. Selbstzweifel und negative Gefühle rühren nämlich oft aus der Vergangenheit. Sobald die alten Wunden wieder aufgerissen werden, kommt auch die Flut der Selbstzweifel zurück. Zum Glück ist das aber kein Fass ohne Boden, denn du kannst an dir arbeiten und dich selbst heilen. Du weißt, wie du alte Wunden für immer zuschließen und das Erlebte endgültig verarbeiten kannst. Außerdem hast du gelernt, warum du dich nicht mit anderen vergleichen solltest. Ganz gleich, ob es nun jemand Prominentes oder eine Mutter aus deinem Bekanntenkreis ist. Es spielt keine Rolle, denn du bist wundervoll, einzigartig und genauso wirst du geliebt und solltest du dich auch selbst lieben.

Ich hoffe auch, dass du erkannt hast, was dich als Menschen auszeichnet und was dich besonders macht. Du hast dein negatives Selbstbild verabschiedet und ihm sprichwörtlich die kalte Schulter gezeigt. Zugleich hast du dein Idealbild ganz genau unter die Lupe genommen und unrealistische Aspekte gestrichen. Der restliche Teil deines Idealbildes treibt dich an und schenkt dir auch an schwachen Tagen den nötigen Motivationsschub. Vielleicht konntest du ja sogar einige Seiten an dir entdecken und lieben lernen, über die du dir noch nie zuvor wirklich

Gedanken gemacht hast! Oder du kannst Körperstellen akzeptieren und liebevoll annehmen, die du bisher sogar am liebsten vor dir selbst versteckt hättest. Die Reise zu deinem neuen Selbst wird nicht unbeschwert verlaufen, doch dieses warme Gefühl, was am Ende auf dich wartet, ist es allemal wert. Du wirst täglich über dich hinauswachsen, aufgeben gibt es ab sofort nicht mehr. Selbst dann nicht, wenn du fünfmal mit deinem Versuch auf die Nase fällst. Es zählt nur, dass du auch ein sechstes Mal wieder aufstehst. Denn auch wenn mal etwas schief geht oder nicht sofort gelingt, kannst du nur daraus lernen und in Zukunft auf dieses Wissen zurückgreifen.

Nicht zuletzt: Genieße diese Reise! Klar ist es mit Arbeit verbunden, aber intensive Arbeit mit sich selbst ist wesentlich heilsamer als eine warme Badewanne oder ein Urlaub auf den Malediven. Finde wieder in den Moment, anstatt dich für die Vergangenheit zu schämen und über die Zukunft zu sorgen. Es gibt schließlich nur diesen einen Moment und ich bin dankbar, dass du ihn dazu nutzt, dieses Buch zu lesen und dir die Zeit nimmst, dich selbst besser kennenzulernen. Genauso darfst auch du stolz auf dich sein, da du bereits den ersten Schritt zu einem selbstbestimmten Ich unternommen hast. Du beginnst deine Reise nicht erst, du befindest dich schon mittendrin.

Durch eine intensive Arbeit mit dir selbst hast du deine Werte und Ziele herausgearbeitet. Du hast dich dir bereits wieder ein Stück angenähert und die einzelnen Puzzleteile deines Selbst miteinander verbunden. Das gibt dir die wunderbare Möglichkeit, dein Leben von nun an nach deinen Wertvorstellungen zu leben – und zwar ganz gleich, was andere Menschen davon halten. Du lässt dich nicht länger von der Meinung anderer leiten, weil du merkst, wie glücklich es dich macht, wenn du dein Leben mit deinen Werten in Einklang bringen kannst. Trau dich und versuche es einfach mal, du kannst nichts falsch machen. Und wenn die Reise zu dir selbst für dich nicht schon Motivation genug ist, dann denke an deine Kinder. Denke daran, wie viel sie von dir lernen können und werden, wenn du als Mama mit gutem Vorbild vorangehst. Das ist das größte Geschenk, was du ihnen machen kannst.

Das Wichtigste ist jedoch, dass du für dich erkennst, welche Vorteile und Freiheiten es mit sich bringt, wenn du dich in deinem Körper endlich wieder wohlfühlen kannst, – wenn du dich endlich wieder selbst liebst und dir vertraust. Die Welt steht dir offen, du kannst tun und lassen, was du willst. Dir steht niemand im Weg, außer du selbst – und genau daran darfst du ab heute arbeiten. Lerne, dich selbst zu akzeptieren, gut zu dir zu sein und dich so zu lieben, wie du eben bist. Einzigartig und mit all deinen Ecken und Kanten. Du bist eine wundervolle Mama, innerlich wie äußerlich – und genauso darfst du dich auch fühlen.

Hat dir das Buch gefallen?

Ich möchte mich ganz herzlich dafür bedanken, dass du mein Buch bis zu dieser Stelle gelesen hast. Wenn es dir gefallen hat, würde ich mich sehr freuen, wenn du ihm bei dem Online-Shop eine Bewertung gibst, bei dem du bestellt hast. Oder du schreibst bei einem deiner Lieblings-Buchportale eine Rezension.

Ich freue mich nicht nur sehr darüber, Meinungen zu meinem Buch zu lesen, es hilft mir auch dabei, weitere Ratgeber zu schreiben und neue Leser für meine Bücher zu finden.

Vielen Dank für deine Unterstützung!

Alles Liebe,

Deine Sophie

Werte Liste

- Abenteuer
- Achtsamkeit
- Aktivität
- Akzeptanz
- Andersartigkeit
- Anerkennung
- Aufgeschlossenheit
- Aufrichtigkeit
- Ausgeglichenheit
- Authentizität/Echtheit
- Begeisterung
- Beharrlichkeit
- Behutsamkeit
- Bescheidenheit
- Besonnenheit
- Beständigkeit
- Dankbarkeit
- die Fähigkeit, an etwas zu glauben
- Disziplin
- Ehrlichkeit
- Einfühlsamkeit
- Einsatzbereitschaft
- Einsicht
- Empathie
- Fairness
- Familie

- Flexibilität
- Freiheit
- Freude
- Freundlichkeit
- Freundschaft
- Frieden
- Friedfertigkeit
- Fürsorglichkeit
- Gelassenheit
- Gemütlichkeit
- Genuss
- Gerechtigkeit
- Gesundheit
- Gewaltlosigkeit
- Glaubwürdigkeit
- Harmonie
- Herzlichkeit
- Hilfsbereitschaft
- Hoffnung
- Höflichkeit
- Humor
- Idealismus
- Integrität
- Konsequenz
- Kreativität
- Lebendigkeit
- Lebenserfahrung
- Lebensfreude
- Lebenskraft
- Leichtigkeit
- Leidenschaft

- Liebe
- Loslassen
- Loyalität
- Menschlichkeit
- Mitgefühl
- Motivation
- Nachhaltigkeit
- Nächstenliebe
- Neugier
- Offenheit
- Optimismus
- Ordnung
- Perfektion
- Phantasie
- Respekt
- Ruhe
- Selbstbestimmtheit
- Selbstvertrauen
- sicheres Auftreten
- Sicherheit
- Sorgfalt
- Spontanität
- Stärke
- Streben nach persönlicher Reife
- Sympathie
- Tapferkeit
- Teamgeist
- Toleranz
- Treue
- Unabhängigkeit
- Unterstützung

- Verantwortungsbewusstsein
- Verbundenheit
- Verlässlichkeit
- Vernunft
- Vertrauen
- Wahrhaftigkeit
- Wärme
- Weisheit
- Wertschätzung
- Wissen
- Wohlstand
- Zugehörigkeit
- Zuneigung
- Zuverlässigkeit

Anmerkungen

Mama in der Identitätskrise

1. Journal of Personality and Social Psychology, https://osf.io/85uya/wiki/home/

2. https://www.focus.de/panorama/welt/gesundheit-studie-frauen-zweifeln-eher-an-sich-als-maenner_aid_552921.html

(Un)Gesundes Selbstbewusstsein

3. https://www.honigperlen.at/2018/05/narzissmus-trifft-selbstliebe/

Mama sein, Frau bleiben

4. Zitat von Søren Aabye Kierkegaard (1813 - 1855), dänischer Philosoph, Theologe und Schriftsteller

Kinder brauchen Wertschätzung

5. Aus dem Interview »Herr Orth, wie entsteht unser Selbstwertgefühl?«; https://www.fritzundfraenzi.ch/gesundheit/psychologie/entwicklungspsychologe-ulrich-orth-uber-die-entstehung-von-selbstwertgefuhl?page=all

6. https://www.washington.edu/news/2015/11/02/childrens-self-esteem-already-established-by-age-5-new-study-finds/

Literaturverzeichnis

Ellen Girod: Die beste Erziehungsmethode: Sich selbst vertrauen. In: chezmamapule.com, 2019, https://chezmamapoule.com/mehr-selbstvertrauen-trainieren/

Fiona Rohde: Endlich selbstbewusster werden: Die besten Experten-Tipps. In: Gofeminin, 2020, https://www.gofeminin.de/erfolg-finanzen/selbstbewusstsein-starken-s2490334.html

Verena Carl, Meike Dinklage: "Selbstwertgefühl kann man lernen!" – Stefanie Stahl im Interview. In: Brigitte, 2019, https://www.brigitte.de/liebe/persoenlichkeit/selbstwertgefuehl-steigern--stefanie-stahl-weiss--wie-s-geht--11670162.html

Zweifel, grübel, seufz: Das passiert mit deinem Ego, wenn du Mama wirst. In: Brigitte, n.A., https://www.brigitte.de/familie/mitfuehlen/selbstwertgefuehl-sinkt--wenn-frauen-mutter-werden-10945094.html

Bunte.de Redaktion: Obwohl wir Unglaubliches leisten: Mütter leiden oft unter Selbstzweifeln und einem geringeren Selbstwertgefühl! In: Bunte, 2018, https://www.bunte.de/family/leben/working-vollzeit-single-moms-studie-belegt-muetter-haben-ein-geringeres-selbstwertgefuehl.html

Lisa Harmann: Hallo altes Ich! Bist Du noch da? Vom Mamawerden und Frau bleiben. In: stadtlandmama.de, 2014, https://www.stadtlandmama.de/content/hallo-altes-ich-bist-du-noch-da-vom-mamawerden-und-frau-bleiben#

Lisa Harmann: Die Mama-Identitätskrise: Wenn Frauen aus dem Baby-Kosmos auftauchen und sich neu sortieren. In: stadtlandmama.de, 2016, https://www.stadtlandmama.de/content/die-mama-identitaetskrise-wenn-frauen-aus-dem-baby-kosmos-auftauchen-und-sich-neu-sortieren#

Maren Fritsche: Selbstbewusstsein bei Kindern stärken: 8 Tipps für alle Eltern. In: Wunderweib, 2018, https://www.wunderweib.de/selbstbewusstsein-bei-kinder-staerken-8-tipps-fuer-alle-eltern-104564.html

Mirijam Franke: 10 Anzeichen, die nur Menschen mit einem mangelndem Selbstbewusstsein haben. In: arbeits-abc.de, n.A., https://arbeits-abc.de/mangelndes-selbstbewusstsein/

admin: Narzisstische Mütter. In: Tiefgang – Das Kulturfeuilleton des Hamburger Südens, n.A., http://www.sued-kultur.de/tiefgang/narzisstische-muetter/

Lisa Harmann: Kinder kriegen: Wenn das Selbstbewusstsein von Frauen durch die Mutterschaft ins Wanken gerät. In: stadtlandmama.de, 2016, https://www.stadtlandmama.de/content/kinder-kriegen-wenn-das-selbstbewusstsein-von-frauen-durch-die-mutterschaft-ins-wanken-geraet#

Eva Wenger: Gastbeitrag: Eva Wenger über das Selbstbewusstsein von Müttern. In: kugeltastisch.de, 2016, http://kugeltastisch.de/gastbeitrag-staerkung-selbstbewusstsein/

Lisa Harmann: Warum viele Frauen Mamas Wertschätzung brauchen. In: Neue Presse, 2019, https://www.neuepresse.de/Nachrichten/Wissen/Anerkennung-der-Mutter-Idol-Mama-Warum-viele-Frauen-die-Wertschaetzung-ihrer-Muetter-brauchen

Fiona Rohde: Selbstwertgefühl: Woher kommen die Zweifel an uns selbst? In: Gofemnin, 2019, https://www.gofeminin.de/mein-leben/frauen-selbstwert-gefuhl-s1923699.html

Danielle: Der Einfluss der Erziehung auf das Selbstbewusstsein. In: gewuenschtestes-wunschkind.de, 2015, https://www.gewuenschtestes-wunschkind.de/2015/02/selbstbewusstsein-selbstwertgefuehl-selbstvertrauen-wie-kann-man-sein-kind-staerken-und-foerdern.html

Andreas Gauger: Selbstliebe und Narzissmus: Die Unterschiede. In: andreas-gauger.de, n.A., https://andreas-gauger.de/selbstliebe-narzissmus-unterschied/

karriere tutor: Selbstreflexion – Wer bin ich und wo will ich hin? In: karrieretutor.de, n.A., https://www.karrieretutor.de/blog/persoenlichkeitsentwicklung/selbstreflexion-wer-bin-ich-und-wo-will-ich-hin/

Dr. Rolf Merkle: Negatives Selbstwertgefühl. In: psychotipps.com, 2020, https://www.psychotipps.com/negatives-selbstwertgefuehl.html

Ralf Senftleben: Selbstfindung: Wer bin ich und was will ich? In: zeitzuleben.de, n.A., https://zeitzuleben.de/selbstfindung/

Daniel Kirsch: Wer bin ich? Ideale, Realität und der innere Kritiker. In: wirksam – Entdecke deine Möglichkeiten, 2017, https://wirksam.jetzt/wer-bin-ich-ideale-realitaet-und-der-innere-kritiker/

Ulrike Bossmann: Selbstakzeptanz-Challenge: 6 kinderleichte Übungen, um dich so anzunehmen, wie du bist. In: soulsweet.de, 2020, https://soulsweet.de/selbstakzeptanz/

Self-Esteem and Relationship Satisfaction during the Transition to Motherhood. In: OSF Preprints, 2017, https://osf.io/85uya/wiki/home/

Melanie Pignitter: Honigperlen (Blog), 2020, https://www.honigperlen.at/

Tim Hamer: Sich selbst verzeihen: Die Basis jeglichen Selbstwertgefühls. In: dubistgenug.de, 2017, https://dubistgenug.de/sich-selbst-verzeihen/

Jeanette Kuster: Den Mama-Körper lieben lernen. In: dubistgenug.de, 2016, https://blog.tagesanzeiger.ch/mamablog/index.php/68393/den-mama-koerper-lieben-lernen/

Franziska Albrecht: Feier dich selbst. In: zukkermaedchen.de, 2014, https://zukkermaedchen.de/2014/08/feier-dich-selbst.html/

Marit Boguslawski: Sei stolz auf dich! In: mamasbusiness.de, 2019, https://mamasbusiness.de/sei-stolz-auf-dich/

Tabea Laue: 15 wahrhaftige Gründe um stolz auf dich sein zu können, Mama! In: mama-baby-vision.de, 2020, https://mama-baby-vision.de/stolze-mama/

Vera Rosenauer: Eltern als Vorbild: Was Kinder davon lernen und was nicht. In: abenteuer-erziehung.at, 2020, https://www.abenteuer-erziehung.at/news/235-eltern-als-vorbild-was-kinder-davon-lernen-und-was-nicht

Dorothee Dahinden: Selbstzweifel. 3 Frauen. 3 Interviews aus dem Leben. In: mutterkutter.de, 2019, https://mutterkutter.de/selbstzweifel/

Nina Horcher, Maria Kapeller: 3 Wege, wie wir als Erwachsene unser inneres Kind heilen. In: Active Beauty. Das Onlinemagazin von dm, 2020, https://www.activebeauty.at/leben/inneres-kind-heilen-buch

Claudia Landolt: Herr Orth, wie entsteht unser Selbstwertgefühl? In: franzundfraenzi.ch, 2019, https://www.fritzundfraenzi.ch/gesundheit/psychologie/entwicklungspsychologe-ulrich-orth-uber-die-entstehung-von-selbstwertgefuhl

Molly McElroy: Children's self-esteem already established by age 5, new study finds. In: washington.edu, 2015, https://www.washington.edu/news/2015/11/02/childrens-self-esteem-already-established-by-age-5-new-study-finds/

Jenny Pons, Sonja Utsch: Selbstzweifel: Warum unterschätzen wir uns eigentlich? In: Bild der Frau, 2019, https://www.bildderfrau.de/gesundheit/psychologie/article227571007/Selbstzweifel-ueberwinden.html

Sarah Plück: Narzisstische Mütter: Warum Kinder mitunter ihr ganzes Leben unter ihnen leiden. In: familie.de, 2020, https://www.familie.de/familienleben/narzisstische-muetter-wie-sind-sie/

Andreas Hofmann: Wie du Selbstzweifel überwinden kannst (und was wirklich dahintersteckt). In: andreas-hofmann.net, 2018, https://andreas-hofmann.net/selbstzweifel-ueberwinden/

Julia Dobmeier: Narzisstische Persönlichkeitsstörung. In: netdoktor.de, 2018, https://www.netdoktor.de/krankheiten/narzisstische-persoenlichkeitsstoerung/

dpa: Studie: Frauen zweifeln eher an sich als Männer. In: Focus Online, 2013, https://www.focus.de/panorama/welt/gesundheit-studie-frauen-zweifeln-eher-an-sich-als-maenner_aid_552921.html

Anja Rassek: Selbstbild und Fremdbild: Zwei Seiten einer Medaille. In: karrierebibel.de, 2020, https://karrierebibel.de/selbstbild-fremdbild/

Daniel J. Wehrli: Wie Sie Kindern Wertschätzung vermitteln. In: kinder-cash.com, n.A., https://www.kinder-cash.com/kindern-wertschaetzung-beibringen/

Isabel Kulessa: Vergleiche | Warum Menschen sich vergleichen & warum sie es lassen sollten. In: isabel-kulessa.de, 2020, https://isabel-kulessa.de/blog/vergleiche-warum-menschen-sich-vergleichen-und-warum-sie-es-lassen-sollten/

Claudia Landolt: »Herr Orth, wie entsteht unser Selbstwertgefühl?«. In: Fritz+Franzi: Das Schweizer ElternMagazin, 2019, https://www.fritzundfraenzi.ch/gesundheit/psychologie/entwicklungspsychologe-ulrich-orth-uber-die-entstehung-von-selbstwertgefuhl?page=all

Dr. Doris Wolf: Loslassen lernen. In: psychotipps.com, 2020, https://www.psychotipps.com/loslassen.html

Kita Medien GmbH: Alltagsfragen aus der Praxis: Wie kann ich Kinder im Alltag Wertschätzung entgegenbringen? In: erzieherin-ausbildung.de, 2020, https://www.erzieherin-ausbildung.de/praxis/leitfaeden-alltagshilfen-hort-grundschulkinder-vorschulkinder-u3/alltagsfragen-aus-der-praxis

Die herrlich unperfekte Mutter:
Dein Weg zu mentaler Gelassenheit

Die herrlich unperfekte Mutter von Sophie Geibert
ISBN: 978-3947738854